Von Gäulsbauern und Brieslaabsoß

Als eine, die noch das dörfliche Leben kennt, möchte ich den Streifzug durch harte Arbeit, fröhliche Feste, Bräuche und Bauernregeln wagen. Ort und Heimat ist der südliche Vogelsberg.

Gudrun Kneip

Gemeindeübersicht

Diese Übersicht umfaßt alle 16 Ortsteile der Großgemeinde Birstein. Insgesamt hat die Gemeinde Birstein eine Einwohnerzahl von 6.714 Personen. Die Ortsteile erstrecken sich über eine Höhenlage von 283 m bis 472 m. Jeder einzelne Ort Birsteins verfügt über eine reizvolle landschaftliche Kulisse und bietet vielseitige attraktive Ausflugsmöglichkeiten im Sommer wie auch im Winter.

Informieren Sie sich in unserer Tourismusbroschüre.

VÖLZBERG

LICHENROTH

WÜSTWILLENROTH

WETTGES

KIRCHBRACHT

MAUSWINKEL

ILLNHAUSEN

FISCHBORN

BÖSGESÄß

BÖß- GESÄß

OBERREICHENBACH

UNTERREICHENBACH

BIRSTEIN

OBERSOTZBACH

HETTERSROTH

UNTERSOTZBACH

Gudrun Kneip

Von Gäulsbauern und Brieslaabsoß

Erinnerungen

Damals – ein Streifzug durch den südlichen Vogelsberg

Textbearbeitung und Layout :
Eberhard Traum, Brachttal
Bildbearbeitung :
Isabeau Wagner, Wächtersbach

Fotos aus dem Privatbesitz
der Familie Kneip aus Unterreichenbach,
sowie Leihgaben anderer Familien

Bibliographische Information
der Deutschen Bibliothek

Die Deutsche Bibliothek verzeichnet diese
Publikation in der Deutschen Nationalbibliografie,
detaillierte bibliografische Daten
sind im Internet über http://dnb.ddb.de abrufbar.

ISBN 987-3-8370-7159-7

Herstellung und Verlag
Books on Demand GmbH, Norderstedt

Widmung

Mein Buch möchte ich keinesfalls als Lagebericht einer vergangenen Zeit betrachten, denn hauptsächlich sind eigene Erinnerungen aus meiner Heimatregion aufgeschrieben. In vielen Familien ging es ähnlich zu, und einige Menschen werden sich in der einen oder anderen Geschichte wiedererkennen. Und das ist auch gewollt, denn sie sind untrennbar mit den Erinnerungen verbunden.

Ich möchte das folgende Buch mit meinen Erinnerungen besonders meinem lieben Mann Heinrich Kneip widmen, der mit seinen Texten viele meiner Erinnerungen ergänzte.
Er ist auch der Grund, das Buch dem Geschichtsverein Birstein (für das Archiv Unterreichenbach), zur Verfügung zu stellen. Mein Mann half dieses Archiv mit einzurichten. Weiterhin bekommt das „Archiv Frauenleben im Main-Kinzig-Kreis" dieses Buch für das Archiv übergeben.
Viele Leute haben auch geholfen, mit Bildmaterial meine Erinnerungen zu unterstützen. Dafür danke ich herzlich. Natürlich möchte ich nicht vergessen, meine Kinder Norbert und Jutta, sowie meinen Enkel Timo, in die Widmung mit einzuschließen.

Dank an Eberhard Traum aus Brachttal, der letztlich dafür sorgte, dass aus meinen Erinnerungen ein Buch werden konnte.

Gudrun Kneip

Grußwort

Mit Freude nahm ich davon Kenntnis, dass Frau Gudrun Kneip, aus Birstein-Unterreichenbach, ein Buch über das dörfliche Leben im südlichen Vogelsberg verfasst hat.

„Als eine, die noch das dörfliche Leben kennt, möchte ich den Streifzug durch harte Arbeit, fröhliche Feste, Bräuche und Bauernregeln wagen. Ort und Heimat ist der südliche Vogelsberg." (Zitat Gudrun Kneip)

Treffender hätte man eine Einleitung in die Erzählungen über das Leben im Vogelsberg und insbesondere in unserer schönen Heimatgemeinde nicht wählen können.
Die Erinnerungen an vergangene Jahre werden vielen Leserinnen und Lesern wieder bewusst werden und ich möchte an dieser Stelle unserer Mitbürgerin, Frau Gudrun Kneip, Dank und Anerkennung aussprechen.

Sie hat mit großem Engagement, wie sie das bereits seit Jahrzehnten in unserer Gemeinde und insbesondere in ihrem Heimatdorf Unterreichenbach ausübt, eine Vielzahl von Geschichten, verteilt über die Jahreszeiten, zusammengestellt.

Gerade in unserer heutigen, schnelllebigen Zeit, geprägt von ständigen Veränderungen und Entwicklungen, tut es gut, wenn uns Menschen darüber berichten, wie das Leben in früheren Jahrzehnten im Vogelsberg war.

Dieses Buch wird ein Teil unserer Heimatgeschichte und ich wünsche allen Leserinnen und Lesern viel Freude und, dass es uns alle an die gute alte Zeit erinnert.

Wolfgang Gottlieb
Bürgermeister

KAPITEL – ÜBERSICHT

ÜBER DIE AUTORIN

Gudrun Kneip wurde als Tochter der Eheleute Müller, 1939 in Montabaur/Westerwald geboren.
Nach Unterreichenbach kam sie mit den Eltern, als der Vater 1941 seine erste Anstellung in der hiesigen Molkerei bekam. Vier weitere Geschwister von Gudrun, in Unterreichenbach geboren, komplettierten die Familie.

Im Mai 1954 erhielt sie auf Gut Langenau bei Mainz eine Lehrstelle für zwei Jahre. Das dritte Jahr verbrachte Gudrun in Ahl – Kreis Schlüchtern – auf dem Hofgut Pachten-Schnell.

Später folgte die Fachschule für ländliche Hauswirtschaft in Gelnhausen, wo sie als Schülerin auch über die Woche wohnte.
Nach der Ausbildung führte sie der berufliche Weg als Wirtschafterin in die Lehranstalt für Milchwirtschaft in Gelnhausen, bis sie gegen Ende 1958 heiratete.
Die Ehe und die eigene Landwirtschaft rückten in den Vordergrund. Zwei Kinder wurden geboren. Wegen einer schweren Krankheit ihres Mannes, musste der landwirtschaftliche Betrieb nach sieben arbeitsreichen Jahren, der einmal ein Lehrbetrieb werden sollte, aufgegeben werden.

Die Weiterbildung, neben dem Hausbau und der Kindererziehung, wurde wieder Bestandteil des Lebens. Gudrun erteilte Unterricht in der Berufsschule für ländliche Hauswirtschaft in Unterreichenbach, später in Gelnhausen.

Neben der täglichen Arbeit war der Landfrauenverein wichtig, den sie 1966 mit begründete. Der Ehrenbrief des Landes Hessen war schöner Lohn für die ehrenamtliche Tätigkeit, die das halbe Leben einnahm.

Von 1982 bis 1999 unterrichtete Gudrun mit voller Stundenzahl an den Beruflichen Schulen des Main-Kinzig-Kreises. Die Verabschiedung aus dem Schuldienst und der Tod des Ehemannes kamen fast gleichzeitig. Ein großer Schicksalsschlag für die ganze Familie.
Gudrun musste, neben ihrem Gefühlschaos, auch alles andere neu ordnen. Die Dankbarkeit für 41 Ehejahre gaben ihr die Kraft.
Es begann die Zeit, alles aufzuschreiben, was die Seele bedrückte. Erst waren es das Tagebuch und Reisebeschreibungen, dann Gedichte und kleine Theaterstücke für die Landfrauen, die sie in heimischem Dialekt auf die Bühne brachte.
Bei vielen Lesungen, in denen sie über das tägliche Leben zu berichten wusste, konnte sie sich und anderen eine Freude machen.

Nun kam die Zeit, alles in einem Buch der Erinnerungen zusammen zu fassen, damit nichts verloren geht und die Enkel es einmal nachlesen können. Der Stolz, mit dem Gudrun Kneip auf das Leben zurückblicken kann, verbunden mit dem Dank an viele Wegbegleiter, machte aus den Erinnerungen ein Buch mit ländlicher Einfärbung. Besonderer Dank geht daher an ihre Freundinnen Hedwig Heineck, Helga Mohr und Anni Spielmann, die sie immer unterstützten.

PROLOG

Das dörfliche Leben im Kreislauf der Natur, mit seinen Bräuchen und Bauernregeln, harter Arbeit und fröhlichen Festen, ist Thema meiner Erinnerungen.

Alles, was damit zusammen hängt, möchte ich in kleinen unterhaltsamen Kurzgeschichten erzählen. Sie ereigneten sich in meiner Heimat, dem südlichen Vogelsberg. Die Ideen zu den Geschichten habe ich durch die Umstände erhalten, die das Leben bestimmen. Damals wie heute. Oftmals wurde ich Zeuge der kleinen „Katastrophen" oder fröhlichen Feste und habe sie aufnotiert.

„Mit jedem alten Menschen, der stirbt, verliert das Dorf ein Blatt seines Geschichtsbuches" hat einmal ein kluger Mensch gesagt, und ich muss ihm beipflichten, denn was wären wir ohne unsere Vorgeschichte?

Die Zeit setzt nicht nur Patina an, sondern vergoldet oft auch unsere Bilder der Erinnerungen. In diesem Buch will ich aber, nach einem kurzen Rückblick in die Geschichte, vor allem an das Leben der Menschen im Raum Birstein im letzten Jahrhundert erinnern, wie es sich abgespielt hat.

Die Zeit vergeht so schnell, da gerät das Leben unserer Eltern und Großeltern leicht in Vergessenheit. Dabei lohnt es sich, zurückzublicken auf das viel schwerere Dasein unserer Vorfahren. Es war von viel mehr Mühen, aber oft auch von viel mehr menschlicher Wärme und Nähe gekennzeichnet.

Aus einem Reichenbacher Fronhof des Klosters Fulda entwickelte sich im 9. Jh. der Gerichtsbezirk Reichenbach, dessen Schirmherr der Kaiser war. Er belehnte um 840 das Kloster Fulda mit dem Gericht Reichenbach.

Bei Jacob Grimm, im Werk Rechtsaltertümer, steht zu lesen:
„Ein Herr von Fulda ist ein Richter zu Reichenbach über Hals und Haupt, über Wunden und Watschen, Heilageschrei und Diebstahl und alle ungerechte Leut und soll des haben einen Knecht daselbst".

Von Reichenbach aus betrieb Fulda die Weiterentwicklung des Landes und baute eine Verwaltung auf, der ein Vogt vorstand. Diese Vogtei lag im Mittelalter in den Händen der Herren von Büdingen, wechselte in wesentlichen Teilen im 13. Jh. zu den Herren von Triberg, und über die Erbin Luitgarde von Trimberg, schließlich zu Ulrich von Hanau, danach zu den Isenburgern.
1448 besaßen die Isenburger das Gericht mit der Burg Birstein allein. Lehnsherr blieb aber über einen gewissen Zeitraum der Abt von Fulda.

Ab 1559 hatte sich im gesamten Gerichtsbezirk der evangelische Glaube durchgesetzt, und Wolfgang Ernst von Isenburg bemühte sich mit allem landesherrlichen Druck, die reformierte Lehre nach Calvin und Zwingli einzuführen.
Am 15.11.1598 hielt der Birsteiner Hofprediger Steinbach den ersten reformierten Gottesdienst in Unterreichenbach.

Zuvor war der bisherige lutherische Geistliche entlassen worden – gegen heftigen Protest aus der Bevölkerung.

Die Auseinandersetzung um die wahre Lehre wurde nicht nur auf lokaler, sondern auch auf europäischer Ebene geführt und kulminierte schließlich im 30-jährigen Krieg, in dem die Parteien in sehr unchristlicher Weise nahezu ganz Mitteleuropa zerstörten und Millionen Menschen mordeten.

Auch aus dem südlichen Vogelsberg wird in den Geschichtsannalen von „großer Not" berichtet. Ab 1628 wütete die Pest, 1634 zogen gegnerische Kroatenverbände durch den Vogelsberg und hinterließen schreckliche Verwüstungen. Auch die zur „Rettung" erschienenen Schweden hinterließen 1643 nach achtmonatiger Besetzung Zerstörung und Not.

Überliefert ist, dass sich die Sotzbacher, aus Angst vor den raubenden und mordenden Truppen, wochenlang im Wald versteckten.

Nach dem „Westfälischen Frieden" 1648 kamen andere Beschwernisse auf die Bevölkerung zu.

Den Landesfürsten wurde absolute Souveränität über ihre Untertanen zugesichert. Die Grafen von Isenburg erklärten somit alle Untertanen zu Leibeigenen, mit den entsprechenden Konsequenzen für die Bevölkerung.

Diese „Leibeigenschaft" wurde erst 1794 aufgehoben. Im Umland erst Anfang des 19. Jahrhunderts, durch den „Besatzer" Napoleon.

Das einflußreiche „Reichenbacher Rügegericht" war eine eigenartige Mischung aus römischem Recht und Kirchenmoral, das Vergehen oder Verbrechen schwer ahndete. Eine Magd oder ein Knecht, die ihrem Bauern Werte in Höhe von mehr als 15 Gulden stahlen, wurden mit dem Tode bestraft.

Wer trotz mehrfach verhängter Strafen das Fluchen nicht unterließ, wurde des Landes verwiesen. Wer zum fünften Male beim Zutrinken erwischt wurde, musste neun Tage ins Gefängnis.

Nach der gültigen „Kirchen- und Polizeiverordnung" wurde bestraft, wer den pflichtgemäßen Gottesdienstbesuch an allen Sonn- und Feiertagen versäumte. Oder wer als Unverheirateter am Sonntagnachmittag nicht noch zusätzlich zur Kirchenlehre erschien. „Furchtbare Leibesstrafen und ewige Verdammnis" wurde jenen versprochen, die zu fluchen wagten oder die Kenntnis vom Fluchen eines anderen nicht meldeten.

Unsere Vorfahren, die seinerzeit unter schwersten Bedingungen und ohne alle die Erleichterungen, die heute für die Landwirtschaft zur Verfügung stehen, ihr Leben fristen mussten, standen unter dem Druck und den Forderungen der Landesherren und den überaus strengen Regeln der Kirche. Es gab keine ärztliche Versorgung, Wasser war am Brunnen zu holen, die hygienischen Verhältnisse waren überall im Land mehr als primitiv, Elektrizität gab es erst Mitte des 20. Jahrhunderts.

Es nötigt großen Respekt ab, dass sich die Menschen in unserem südlichen Vogelsberg, trotz dieser schweren Lebensbedingungen, eine eigene Kultur der Lebensverhältnisse schaffen konnten, zu der viel Fleiß, viel Bescheidenheit, umsichtiges Wirtschaften und hervorragende Handwerksarbeiten gehörten.

Und die besonderen Fertigkeiten der Frauen, die neben Landwirtschaft, Garten und Stallarbeit, Wasserholen und Kinder kriegen, zudem eine hoch entwickelte Volkswirtschaft betrieben, gehören hier besonders gewürdigt. Denn erziehen, kochen, waschen, spinnen, weben, nähen, sticken und stricken, gehörten ebenfalls noch zu deren Aufgaben.

Nicht zu vergessen die sehr umständliche und aufwendige Vorratshaltung, die für die Familie lebensnotwendig und daher von großer Bedeutung war.

Daß es trotz aller Mühsal aber auch fröhliche Feste gab und klar geregelte schöne Sitten bei allen Familienereignissen, wie Geburt, Hochzeit und Tod, machte das Leben der Menschen überschaubar.

Und natürlich wurde überall in unseren Dörfern das spezielle Platt gesprochen, durch das jeder mit dem Nachbarn vertraut war. Unser „Platt" wird leider immer weniger gesprochen, bald könnte es vergessen sein.

Dazu ein Zitat von Goethe:

„Jede Provinz liebt ihren Dialekt, denn er ist doch eigentlich das Element, in welchem die Seele ihren Atem schöpft."

Der Dialekt ist die Sprache der Heimat. Dort, wo wir den Dialekt ablegen, verlieren wir ein Stück unserer Heimat. Heimat braucht ein jeder Mensch. Deshalb möchte ich an vieles erinnern, vielleicht sogar manches neu beleben, um es zu erhalten und für die Zukunft weiterzugeben.

Ich möchte daran erinnern, wie vor Generationen, und vor allem in denn vergangenen 100 Jahren, hier bei uns auf dem Lande die Bräuche waren, wie unsere Vorfahren lebten und schafften mit fleißiger Hand.

Erinnern daran, wie sie noch ständig im Gespräch mit den Nachbarn waren.

Wie so über Alltägliches und Neuigkeiten, die in keiner Heimatzeitung standen, sich die Leute ausgetauscht haben. Erinnern daran, wie gegenseitige Hilfe noch selbstverständlich war. Wenn auch die Dorfbewohner stets einen langen Arbeitstag mit körperlich anstreng- enden Tätigkeiten hatten, so ließ man sich doch zwischendurch Zeit für eine Unterhaltung oder ein kleines Gespräch. Jeder kannte jeden, und über die Pflege mitmenschlicher Beziehungen brauchte man nicht nachzudenken – die wurde praktiziert.

Im Birsteiner Land – fast 750 Jahre unter der Herrschaft der Fürsten zu Isenburg – haben sich die Menschen, in den vielen Dörfern rund um das Schloß, ausschließlich von der Landwirtschaft, wenige vom Handwerk ernährt.

Sie haben unter großen Anstrengungen ihre Familien versorgt und dazu noch vielerlei Abgaben und Fronarbeit geleistet. Ihre Lebensleistung war außerordentlich.

Abschließend möchte ich aus eigener Kenntnis an unser Landleben erinnern, denn die Vertrautheit mit der eigenen Heimat ist ein Wert, den wir erhalten, beleben und pflegen sollten.

Oft habe ich überlegt, wie ich meine Erinnerungen aufbereiten soll, wie in einen sinnvollen Ablauf einbetten. Denn ich wollte kein Monumentalwerk entstehen lassen, was beim Lesen müde macht.
Aber eines war mir klar, alle meine Erlebnisse, die mein Leben bestimmt und auch geprägt haben, hatten in meiner Erinnerung einen Anfang und ein Ende. Und sie waren mit der Heimat und dem ländlichen Leben verbunden.
In einen Jahresrhythmus ließ es sich jedoch gut einbinden, denn von nichts anderem waren die bäuerlichen Familien und alle anderen Menschen so abhängig, wie vom Kreislauf der Natur und dem damit verbundenen Wetter.
Deshalb schien mir eine Gliederung in Frühling – Sommer - Herbst und Winter als vernünftige Alternative.
So erhielten meine Erinnerungen eine vernünftige Reihenfolge. Und da ich alles immer einem bestimmten Monat zuordnete, konnten die Erlebnisse manchmal auch eine zeitliche Unordnung vertragen. Wenn ich zum Beispiel etwas in den Februar 1941 und in den Februar 1958 legte.
Alle meine grundsätzlichen Angaben über die Jahreszeiten, sind aus der Zeit, als ich also noch ein kleines Mädchen war.
Natürlich haben auch die Erzählungen meiner Eltern und Schwiegereltern Anteil an den Geschichten.

Kleine Helfer am Hof 1942
Luise und Heinrich Kneip

Nachwuchsreiter beim Ausritt 1942
von links: Erwin und Heinrich Kneip

FRÜHLING

Begonnen hatte das dörfliche Leben im Monat März. Der Winter und die ruhigen Tage waren vorbei und die ersten warmen Sonnenstrahlen waren untrügliche Zeichen, dass es wieder losgeht.

Rösser einspannen, Felder pflügen, eggen und säen, Wiesen instand setzen, Zäune reparieren und Gräben säubern, denn das Vieh sollte wieder raus aus dem Stall und frisches Grün bekommen.

Die Hände des Bauern, und die seiner Helfer, waren von früh bis spät im Einsatz.

Aber auch die Bäuerin und die Mägde konnten nicht ruhen, sie hatten Haus und Garten auf Vordermann zu bringen. Graben, rechen und pflanzen, damit alles grünt und blüht.

Oftmals wurden die Arbeiten, in Vorfreude auf Ernteertrag und frische Blumen, mit Liedern bei der harten Arbeit unterstützt.

Das allgemeine Leben richtete sich nach der Sonne, an der man sich orientierte und auch die ungefähre Uhrzeit ablesen konnte.

Was die Tageszeit anging, hatten die Kirchenglocken die Aufgabe, die genaue Zeit mitzuteilen, nicht nur zum Kirchgang am Sonntag.

Jeden Tag um 11 Uhr wurde die Mittagszeit eingeläutet, um 20 Uhr Feierabend. Der wurde damals von der „Schocker Berta" eingeläutet. Das war aber nicht die einzige Aufgabe der Glocken.

Morgens hieß es um zehn Minuten vor acht, Kinder losrennen, Schule beginnt.

Zu unterschiedlichster Zeit läutete die Glocke, wenn ein Dorfbewohner gestorben ist.

Am Beerdigungstag läuteten sie um 9 Uhr „das Grab auf". Es war alles genau geregelt und jeder wusste, was die Glocke geschlagen hat.

Dieser Spruch hat sich bis heute gehalten, wenn auch oft in anderem Zusammenhang.

Von den im Herbst gedüngten Wiesen wurde im März das abgetrocknete Stroh abgerecht und entfernt.

Da der Monat meist trocken war, freute sich der Bauer auf den April und den Mai, die feucht waren. Da wuchs das Gras und er konnte mit einer guten Heuernte rechnen.

Fortschritt gab es bei den größeren Betrieben, denn dort wurde mit dem Pferdefuhrwerk eine Sämaschine gezogen, die das Saatgut aufs Feld brachte. Im kleineren Landwirtschaftsbetrieb lief der Bauer mit dem Sätuch über sein Feld.

Die Frühlingsblumen zeigten im März bereits ihre ganze Pracht. Der erste Schnittlauch konnte geschnitten werden und an Gründonnerstag bereitete die Bäuerin frische Brieslaabsoß.*

Große Geschäftigkeit kam bei stärker werdender Sonne auch auf, und es wurde in den Schränken kräftig „gemärzt", das heißt, dass Bettzeug und Kleidung an die frische Luft gehängt wurden. Dazu gehörten auch Pelze und Hüte.

Zudem war großer Hausputz in allen Schränken und Zimmern angesagt. Da hielten sich die Männer lieber vornehm zurück.

Dann war da noch der Palmsonntag im März, zu dem sich in einigen Familien ein großes Fest ankündigte.
Bauernweisheiten waren Gradmesser für das Leben, oftmals Richtschnur für die Hoffnung oder Warnung vor unangenehmen Dingen.

„Viel Nebel im März,
viel Donner im Sommer !"

***

Grundlage des bäuerlichen Lebens

Ohne die Tiere einen landwirtschaftlichen Betrieb zu führen, war in vergangener Zeit nicht möglich. Deshalb muss gleich zu Beginn darauf verwiesen werden, dass die Tiere auf einem Hof mit zum Reichtum eines Bauern gehörten, und deshalb besondere Beachtung verdienen.

Jeder Bauer war also um das Wohlergehen seiner wertvollen Tiere außerordentlich besorgt. Insbesondere die Pferde hatten eine so wichtige Funktion, dass sich folgender makabre Spruch weit verbreitete:
Weibersterben – kein Verderben!
Gäulsverrecken – is ein Schrecken!
Diese Behauptung ist natürlich genauso wahr wie unwahr.

Man kann sie nur im Zusammenhang mit dem allgemeinen Kampf ums Leben sehen, um sie richtig einzuordnen.

Kehrte ein Bauer nach seinem Tagwerk auf den Hof zurück, wurden erst die treuen vierbeinigen Helfer versorgt, bevor der Bauer an sich und die Familie dachte und ins Haus ging.

Natürlich war auch das andere Vieh wichtig und bekam große Beachtung geschenkt.

Die Kühe natürlich gleich nach den Pferden, weil sie die Milch lieferten, die von der Familie dringend gebraucht wurde. Daraus wurden vielerlei Nahrungsmittel hergestellt, die das häusliche Nahrungsangebot bereicherten. Als Fleischlieferant waren Kälber wichtig, mit den Schweinen auf gleicher Stufe.

Die Kleintiere, wie Kaninchen, Hühner und Enten, Gänse, und wenn es einen Teich gab, auch Fische, waren eine Erweiterung des Angebots.

Genau festgehalten wurde, wann Nachwuchs bei den Tieren zu erwarten war. Wann war die Kuh beim Bullen, die Geis beim Bock und die Muck (Sau) beim Watz (Eber). Alles wurde genau notiert.

Ganz besonders waren die Ziegen, die Kühe des kleinen Mannes, wichtig. Wer keinen Landbesitz hatte und sich Kühe nicht leisten konnte, besaß ein paar Ziegen. Die wertvolle und fetthaltige Ziegenmilch deckte oft den Bedarf einer großen Familie.

Wenn im zeitigen Frühjahr die Zicklein geboren wurden, endeten sie nicht selten als schmackhafter Osterbraten.

Da reichten nur noch die jungen Schafe heran, die von Schäfern in großen Schafsherden und in großem Stil gehalten und geführt, als Oster-lämmer auf den Tisch kamen.

Konfirmation

Manche Rituale ändern sich nie oder nur geringfügig. Eines davon ist die Konfirmation. In früheren Zeiten war generell an Palmsonntag die Konfirmation, was heute unterschiedlich gehandhabt wird.

Am Sonntag vorher wurden der Gemeinde, am „Vorstelltag", die Konfirmanden namentlich genannt. Das eigentliche Fest folgte am Sonntag drauf. Zum Gottesdienst mit anschließendem Abendmahl trugen die Buben einen schwarzen Anzug mit weißem Hemd, die Mädchen ein schwarzes Kleid. Der Stoff für den Anzug, beziehungsweise Kleid, wurde von „Petter" und „Goth" geschenkt. Dazu bekamen sie noch das Gesangbuch und einen Rosmarinzweig als besondere Gabe.

Die Jungs steckten ihn an den Anzug, bei den Mädchen war es etwas komplizierter. Sie erhielten von der „Goth" noch zusätzlich ein Abend-mahltüchlein, das aufs Gesangbuch gelegt wurde, darüber der Rosmarinzweig. Beides wurde mit dem Daumen festgehalten. Beim Abendmahl wurde das Tüchlein über die gefalteten Hände gelegt.

An diesem Tag kamen auch die letzten Pflichtgeschenke von „Petter" und „Goth", die beim Fest auch mit die Hauptpersonen waren.
Im Haus des Konfirmanden gab es das gemeinsame Mittagessen und die Kaffeetafel.

Damals wie heute, hielten es die jungen Leute natürlich nicht lange mit den „Alten" aus und fanden andere Zerstreuung. Sie gingen alle gemeinsam auf Tour und besuchten jedes Konfirmandenhaus, wo es eine Kleinigkeit zu trinken gab - Alkohol lassen wir mal beiseite – nachdem alle besucht wurden, ging jeder wieder zurück zu seiner Familie.

Etwas schwierig gestalteten sich die gegenseitigen Besuche der Konfirmanden, die zwar zum Kirchspiel Unterreichenbach gehörten, aber Auswärtige waren. Die waren von den gegenseitigen Besuchen ausgenommen. Sie kamen aus Radmühl, Oberreichenbach, Hettersroth, Schönhof, Ober- und Untersotzbach, sowie Fischborn.
Sie wurden aus ihren Orten mit einer Kutsche, der zwei Pferde vorgespannt waren, nur zur Kirche gefahren und danach wieder zurück in ihre Heimatorte.
Das mit dem Rosmarinzweig war etwas ganz Spezielles, denn der kam nach der Konfirmation ins Wasser und sollte Wurzeln ziehen. Denn es hieß, wie sich der Keim entwickelt, so im Leben der Konfirmand. Ein ziemlicher Druck. Aber die meisten Rosmarinzweige waren robust und entwickelten sich meist prächtig.

Wenn mal nicht, wurde die Prophezeiung eben vergessen und man wurde trotzdem ein prima Mensch.

Konfirmation im Dom zu Unterreichenbach 1952

Monat April

Zwischen dem 22. März und dem 25. April, immer auf den Sonntag nach dem Frühlingsmond, wird das Osterfest gefeiert. Und das ist in den meisten Fällen im April.
Den Namen Ostern erhielt das heute christliche Fest von der altgermanischen Frühlingsgöttin „Ostara".

Schon vor dem Osterfest war in den Familien viel zu tun, denn in einem Zwiebelschalensud wurden die Eier gefärbt. Am letzten Ostertag wurde es dann für die Kinder spannend, denn da wurde Eierwerfen, Eierschippeln* und Eierverstecken in der freien Natur veranstaltet.
Für alle Kinder ein großer Spaß. Denn das Eierspicken* vermehrte beim einen den Bestand an Eiern, dem anderen gingen sie langsam aus.
Dabei finden sich zwei Kontrahenten zusammen.
Mit den stumpfen oder spitzen Enden wurden die Eier gegeneinander gestoßen. Das kaputte Ei wechselte den Besitzer.
Da mussten „Petter" und „Goth", die ihre 12 gefärbten Eier verschenkten, schon vorher darauf achten, an ihre Paten kräftige Eier zu übergeben, um sie schließlich nicht an andere zu verlieren!
Außer den Eiern gab es höchstens noch einige Schokoladeneier.

Aber nicht nur christliche Feste feiern, sondern auch feste Arbeiten war angesagt. Die Felder mussten gedüngt, danach Hafer und Gerste gesät werden.

Zum Schluss kamen die Kartoffeln, die in großen Mengen gesteckt wurden. Und das nicht nur für die Menschen, sondern auch als Futter für die Schweine. Vorher mussten die Kartoffeln für das Stecken sortiert und halbiert werden. Manche Bauern ließen die Kartoffeln vorkeimen, damit sie schnell Frühkartoffeln ernten konnten.

Die Bauersleute banden sich eine Sackschürze um, legten die halbierten Kartoffeln hinein und legten sie einzeln in die vorbereiteten Ackerfurchen, mit den Keimen nach oben.

Der Pflug, von einer Kuh oder einem Pferd gezogen, deckte Erde über die Kartoffeln.

Nicht lange danach waren die Frauen gefordert, denn die austreibenden Kartoffeln mussten von Unkraut befreit werden.

Der häufige Wechsel von Sonnenschein und Regen im April (als typisches Aprilwetter bezeichnet), wertete der Bauer als positiv, entstanden doch beste Bedingungen für die Saat.

Aber auch im Hausgarten kamen die Samen in die Erde. Da waren die Zutaten für den täglichen Bedarf an der Reihe, wie Zwiebel, Karotten oder Salat. Fehlen durften auch nicht Erbsen, Bohnen und Spinat oder das Stielgemüse (Mangold). Nicht zu vergessen die vielen verschiedenen Gewürzkräuter, die zum Verfeinern des Essens und für den guten Geschmack sorgten. Liebe geht eben durch den Magen. Was damals galt, gilt bis heute.

Steckt man mich im April,
komm ich, wann ich will.
Steckt man mich im Mai,
komm ich glei.

Versorgung

Mit Ungeduld erwarteten wir Kinder immer die reisenden Händler. Seit vielen Jahrzehnten kam er mehrmals im Jahr durch den Vogelsberg.

Die „Dippeleut mit ihrem Dippewagen", von starken Pferden gezogen, waren ein beliebter Besuch. Sie waren die wichtigsten Händler, denn sie boten Töpfe, Eimer und Kannen, Küchengeschirr, Besen und vieles mehr an. Das Keramikgeschirr war in der Regel preiswert und gut. Viele andere Kleinhändler fuhren in festen Abständen immer die gleiche Strecke ab.

Einige andere Händler zogen zu Fuß durch die Dörfer. Sie hatten Holzkiepen auf dem Rücken und vertrieben Bürsten und Pinsel, sowie andere Kleinmaterialien, die im Haushalt gebraucht wurden. Man kannte sich und kam ins Gespräch, wobei die Händler ihre Kunden auch mit Neuigkeiten aus den anderen Dörfern versorgten.

Daneben befand sich in jedem Dorf auch noch ein Krämerladen, der das Nötigste anbot, das nicht durch Eigenversorgung abgedeckt wurde. Gastwirtschaften, Bäckereien und Metzgereien gab es nur in größeren Dörfern, die nicht alle Dörfler erreichten, denn die Verkehrsanbindungen besserten sich erst in den 50er Jahren.

Manche der älteren Bewohner im Dorf waren in ihrem Leben nie weiter gekommen, als ins Nachbardorf. Immerhin gab es in den meisten Dörfern kleine Poststellen, die eine Verbindung zur Außenwelt gewährleisteten, denn sie besaßen ein Telefon.

Das war später auch in wenigen Privathäusern, Gastwirtschaften und den Krämerläden so.

Die Milchversorgung war die wichtigste. Und die war schon in ganz früher Zeit gesichert und logistisch erfolgreich betrieben worden. Da wurden die Milchkannen zu den Sammelstellen gebracht, den Milchrampen oder Milchböcken. Wer selbst butterte, behielt Milch zurück und verkaufte die Butter meist.
Nach der Methode Stipp-strapp-strull füllten die Bäuerinnen die Kannen, die 20 Liter fassten. Mit Pferdewagen wurden die Kannen abgeholt und zur Molkerei gebracht. Auf dem Rückweg lieferten sie in den Kannen Buttermilch und Molke an die Bauern.

Der Sägespänekuchen

Das wichtigste Heizmaterial, bis weit nach den 50er Jahren des letzten Jahrhunderts, war das Holz. In waldreichen Mittelgebirgen ergab sich das von selbst.

Die Holzschneider waren eine Berufsgruppe, die viel zu tun hatte und oft lange unterwegs war. Sie waren mit ihren fahrbaren Sägen zu allen Jahreszeiten sehr gefragt. So waren auch Johannes und Heinrich Gerhard mit ihrer starken Holzschneidemaschine auf vielen Höfen und in den Nachbargemeinden tätig.

Die Landbevölkerung hatte sich in den waldreichen Gegenden den Anspruch auf „Losholz" gesichert. Jedem Haus standen eine gewisse Anzahl Klafter Buchen- und Eichenholz, sowie Holzreisig zu. Dieser Anspruch auf „Losholz" besteht in vielen Gemeinden auch noch heute. Daneben scheute sich aber auch niemand, mit einem Handwagen in den Wald zu gehen, um weiteres Leseholz fürs Feuermachen im Küchenherd zu sammeln.

Wenn das Holz von der Maschine kleingeschnitten war, musste es noch gehackt und in der Holzhalle gestapelt werden. Für uns Kinder war der Platz mit dem frisch geschnittenen Holz ein herrlicher Spielplatz. Wir bauten uns daraus eigene kleine Wohnbereiche mit Zimmer, Küche, Tisch und Bänken.

Aus den Sägespänen mischten wir mit Wasser einen Teig und formten diesen zu Kuchen. Als Backform suchten wir nach alten flachen Blechdosen im Bach.

Verziert und dekoriert wurden sie noch mit Blumen aus dem Garten.

Aber einmal hatte eines der Mädchen statt Wasser frische Eier unter die Holzspäne gemischt, die sie einfach aus dem Hühnerstall geholt hatte.

Eine große Aufregung, als die Eltern das bemerkten. Der Belehrung über die große Sünde, die da begangen wurde, folgte eine heftige Tracht Prügel.

Die Mannschaft am Holzschneider – immer im Dienst
Johannes Gerhard (mitte) aus Unterreichenbach

Hühnerhaltung

Wer frische Eier will, muss auch die Hühner halten, die für diese Köstlichkeit sorgen. Halten war eine Sache, Nachwuchs zu züchten eine andere. Die Glucken brüteten damals noch selbst, aber die Bäuerin half etwas mit. Zum Brüten wurden die runderen Eier aussortiert, weil man annahm, dass aus ihnen vorwiegend Hühner schlüpfen werden.

Viele Hühner waren wichtiger als Hähne, denn die legten ja keine Eier und brüteten auch nicht. An einem ruhigen Platz in der Scheune wurde ein schönes Nest gebaut und die Glucke auf 11 Eier gesetzt, die sie drei Wochen lang bebrütete. Wenn das Huhn groß und kräftig genug war, wurden auch mal mehr Eier untergelegt.

Waren die Küken geschlüpft, kam die Glucke mit Nachwuchs für die ersten Tage in den Hinkelkasten. Danach hatten sie dann freien Auslauf.

Für die Fütterung der Küken wurde ein Holzpferch gebaut, zu dem die Glucke und die anderen Hühner keinen Zugang hatten.

Für den Anfang wurde in einer Kaffeemühle Weizen zu feinem Gries gemahlen, später wurden die Küken mit gekochten Eiern gefüttert, die mit frischen kleinengeschnittenen Brennnesseln vermischt wurden.

Manche Bauern hatten auch kleine Gänse, die ebenfalls die Brennnessel und Weizenkleie bekamen.

Legte später eines der jungen Hühner ein besonders kleines Ei, war es das Unglücksei. Das wollte niemand essen. Wir Kinder durften dann das Ei über das Wirtschaftsgebäude oder das Wohnhaus werfen, damit es niemandem Unglück bringen konnte.

Monat Mai

Gewöhnlich ist es der blumige Monat, denn es sprießt, grünt und blüht alles in der Natur, und auf Aprilflöckchen folgt Maiglöckchen.

Der Monat wird in Liedern und Gedichten als der „Wonnemonat" gepriesen.

Die zunehmende Wärme und der immer zuverlässigere Sonnenschein erfüllt alles mit Leben, Energie und Tatendrang. Das gilt für Mensch und Tier gleichermaßen.

Allerdings wird in der ganzen Euphorie vergessen, dass der Mai auch noch kalte Tage bringen kann. Davon zeugen die vielen Eisheiligen, wie Mamertus, Pankratius, Servatius, Bonifatius und die kalte Sophia. Sie ist die letzte am 15. Mai. Wenn sie vielleicht noch mal zugeschlagen hat, ist der Winter endgültig vorbei.

v.l.: Katharina Jai, Ottilie Fahlbusch, Maria Fahlbusch

Unter viel Arbeit geht das Frühjahr vorbei und die Zeit der Ernten nimmt ihren Anfang. Es dauert nicht mehr lange und der Duft von frischem Heu erfüllt die Luft.

Ist der Mai kühl und naß,
füllt's dem Bauern Scheune und Faß.

***

Mai holen

Ein bisschen „Wonnemonat" sollte schon belegt werden, und eine Tradition steht damit in enger Verbindung.
Am Samstagabend vor Pfingsten gingen die jungen Burschen Mai holen. Das waren frisch geschnittene Birkenäste oder ganze Birkenbäumchen, die dann vor die Haustür der Liebsten gestellt wurden. Das war eine beliebte Geste und zeugte von heimlicher Verehrung.

Nun gab es auch schon damals Mauerblümchen und weniger attraktive Mädchen, die solche Feste mehr von außen miterlebten. Die bekamen einen Dornenbusch vor die Tür gestellt. Schlimmer, als gar keinen Mai zu bekommen, war für ein Mädchen, von einem „verblichenen" Freund einen Schandmai zu erhalten.
Das waren manchmal das kahle Gerippe eines Christbaums, aber auch Kirschzweige, die als Symbol für die Klatschsucht galten.

Besonders unattraktiv war es, wenn im Schornstein des Hauses, in dem ein Mädchen wohnte, vom Burschen ein Schwarzdorn versteckt wurde. Wenn die Heizperiode begann, zog der Kamin nicht und der Schwarzdorn musste herausgezogen werden. Der damit verbundene Dreck war sehr ärgerlich.

Aber auch der Weißdorn war eine unbeliebte Gabe, war er doch das Symbol für eine, die unbedingt geheiratet werden wollte.

Westerwald und Gaunerzeichen

Die Großeltern hatten in Dernbach im Westerwald einen Gutshof, auf dem wir unsere Ferien verbringen durften. Auf die Reise gingen wir drei älteren Geschwister und mein Vater, der uns nach dort begleitete. Diese Fahrt mit meinem Vater ist mir noch gut in Erinnerung.

Erst einmal war es ganz aufregend, mit dem Bimmelzug, der aus Hartmannshain kam, nach Wächtersbach zu kommen.

Für uns Kinder war schon das alleine eine ungeheure Entfernung. Und dass wir Proviant mitbekamen, zeigte uns, dass es weit über Wächtersbach hinausgehen musste. Und die Wichtigkeit und Einmaligkeit dieser Reise wurde noch dadurch unterstrichen, dass wir schön sonntäglich gekleidet wurden. Und in den gepackten Koffern musste noch viel mehr sein.

Das Herz schlug bis an den Hals, als wir in der Wartehalle, am Halteplatz der Vogelsberger Südbahn, die sich unterhalb vom Dorf an der Straße nach Birstein befand, den Zug aus Hartmannshain hören konnten.

Bahnhof Birstein

Das Rattern, Pfeifen und der Rauch waren untrügliche Zeichen dafür, dass es auf ein Abenteuer gehen würde.
Vater ahnte wohl bereits etwas, als er uns zu ruhigem Sitzen ermahnte. Aber das nutzte wenig, wir waren alle drei zu sehr aufgeregt und der Magen wollte beruhigt werden.
Kaum in der Bimmel, verspürten wir nämlich schon großen Hunger. Da war es ganz günstig, dass unsere Brotzeit griffbereit in einer separaten Tasche untergebracht war.

Äpfel, Butterbrote und sogar gekochte Eier. Es war unerträglich, dass Vater so gar keinen Hunger verspürte.

Dabei hatten wir ein Gefühl, als ob wir noch nie gekochte Eier und Butterbrot mit Apfel gegessen hätten. Wir konnten es kaum aushalten, bis das Frühstück losging.

Nachdem wir in Wächtersbach umgestiegen waren, konnten wir unserem Drang nachgeben, weil Vater ein Einsehen hatte. Niemals zuvor aßen wir so leckere gekochte Eier.

Weil wir auch viele Fragen an Vater hatten, kamen wir auch auf so komische Zeichen zu sprechen, die wir in Unterreichenbach, aber auch an anderen Orten schon sahen. Vater nannte das Gaunerzeichen, die alle eine bestimmte Bedeutung haben. Es war ungeheuer spannend zu hören, dass sich Gauner damit unterrichteten.

Über das, was sie an dem Ort oder Platz erlebten und worauf sie achten sollten, wenn sie das Zeichen sehen.

Da gab es eine ganze Reihe von Zeichen, die alle eine für Gauner wertvolle Nachricht beinhalteten.

Zum Beispiel wusste der Gauner, wenn er ein **X** an einem Haus sah, dass es für Einbrecher ein gutes Objekt war.

Oder die drei schrägen Striche *///*, die bedeuteten, dass alles ausgeräumt wurde. Die Warnung mit einer Raute **#** zeigte an, dass es da ziemlich mulmig werden könnte. Und das Kreuz **†** ließ keinen Zweifel daran, dass hier keine Chance besteht.

Die Fahrzeit in den Westerwald verging mit solchen Geschichten wie im Flug.

Wir hatten schöne Ferien bei den Großeltern verbracht, uns gut erholt und viel gelernt.
Vor allem hatten wir auch die Gaunerzeichen an verschiedenen Stellen entdeckt. So auch am großen Eingangstor des Burghofes. Erstaunlich, dass es nicht nur bei uns im Vogelsberg Gauner gab.

Wie haben wir gewohnt ?

In früheren Zeiten, auch in meiner Jugend, war die Wohnqualität doch recht primitiv. Baumaterial war Basalt, Holz und Lehm, manchmal auch gebrannter Ziegel.
Fast alle Bauarbeiten wurden mit der Hand ausgeführt. Ein Badezimmer kannte man nicht. Sogar im Jahr 1940 ist mir nur eine Familie bekannt, die in unserem Ort ein Bad mit Toilette im Haus besaß.
Alle anderen mussten zum „Plumpsklo" übern Hof, zwischen den Ställen, mit Abfluss zur Jauchegrube. In diesem „Pullloch" wurden die Fäkalien von Mensch und Tier gesammelt und zum Düngen aufs Feld gefahren.

In den meisten Häusern wohnten Großfamilien, vorwiegend aus drei Generationen bestehend. Die Kinder blieben bis zur Heirat im Haus und sorgten selbstverständlich mit für die tägliche Erledigung des Arbeitspensums in der Gemeinschaft.
Die Großeltern waren meist in der Kammer hinter der Wohnstube untergebracht. Manchmal gemeinsam mit den Knechten und Mägden.

Die Einrichtung der Wohnbereiche war einfach und zweckmäßig. Im Wohnzimmer, der guten Stube, stand ein Tisch mit Stühlen, ein Vertiko, Bänke und eine Sitzlade. Das war eine Wäschetruhe unter der Sitzfläche.

Im Elternschlafzimmer befanden sich zwei Betten, manchmal noch ein Kinderbett und die Wiege für das Kleinste. Dazu noch ein Schrank.

Daneben gab es das Kinderzimmer mit einem Bett. In dem schliefen oftmals mehrere Kinder. Die Matratzen waren Leinensäcke, die zweimal im Jahr mit neuem Stroh gefüllt wurden.

Geheizt wurde mit einem gusseisernen Ofen, oft nur an Feiertagen. Um im Winter das Bett vorzuwärmen, legte man Ziegelsteine oder mit Sand gefüllte Tonflaschen in den Ofen.

Später, als Wärmflaschen aus Zink oder Kupfer aufgekommenen waren, wurde Wasser auf dem Ofen und auch dem Herd in der Küche heiß gemacht, um die Behälter zu füllen.

Der sogenannte „Abee"

40

Herrlich war es im Winter, wenn auf den Herden die köstlichen Bratäpfel bruzzelten.

Zur Beleuchtung diente bis in die 20er Jahre die Petroleumlampe, denn da erst wurden im Dorf elektrische Leitungen verlegt. Aber nicht jede Familie konnte gleich die Kosten für die Installation aufbringen. Manche hatten noch lange die Lampen mit Petroleum statt Schalter an der Wand.

SOMMER

Monat Juni

Man soll es nicht glauben, am 8. Juni begann immer die Schafskälte. Eine kurze Wetterperiode, die im Juni für kühle, trübe und regnerische Tage sorgte. Ab dem 24. Juni, dem Gehannstag (Johannistag), sollte man keine Kamillenblüten mehr sammeln, denn ab da gingen die Würmer rein.

Aber es war auch der Monat der Heuernte. Bevor die Mähmaschine in den 40er Jahren aufkam, wurde nur mit der Sense gemäht.

Da dauerte die Trockenzeit oft zwei bis drei Tage, in denen das Gras mit dem Rechen oder einer Gabel ausgebreitet und immer wieder gewendet werden musste, bis es endlich trocken genug war und zu Heu wurde.

Es war eine schweißtreibende Arbeit für die Männer und Frauen, die hintereinander in Reihen diese Arbeit zu verrichten hatten. Ständig wurden sie dabei von Mücken und Stechfliegen umschwirrt, bis das Heu endlich auf den Wagen geladen war. Gleiche Probleme mit den lästigen Mücken hatten auch die Pferde und Kühe, die den Heuwagen zogen. Ihnen wurden ein mit „Stinköl" gefülltes Fläschchen und eine Gänsefeder umgehängt, mit der die Tiere eingestrichen werden konnten. Das vertrieb die Plagegeister.

„Stinköl" ist ein rohes Tieröl (lat. *Oleum Animale*), das braunschwarz, meist dickflüssig und trüb ist.

Es zeichnet sich durch einen scharfen und unangenehmen Geruch aus.

Gewonnen wird die Flüssigkeit durch trockene Destillation stickstoffhaltiger, organischer Stoffe.
In unserer Region wurde das Öl auch mit dem Namen „Franzosenöl" bezeichnet. Aber das sollte keinesfalls eine Verbindung zwischen stinkig und französisch herstellen.

In der Scheune angekommen, wurde sofort entladen und das Heu bis in höchste Spitze in der Scheune gebracht. Das war für uns Kinder ein willkommenes Abenteuer. Wir wurden zum Festtreten eingespannt, damit viel Heu bis unters Dach passte. Ganz mutige sprangen dann vom obersten „Katzenbalken" herunter, die Jungs sogar mit Salto.
Eine weitere schwere und wenig prickelnde Angelegenheit war das Distelstechen.
Mit einem Disteleisen bewaffnet lief man nebeneinander über das Getreidefeld, um die Disteln auszustechen. Im Hausgarten wurde dagegen ganz normal gejätet.
Und zu ernten gab es auch, denn die Erdbeeren waren reif. Diese süße Frucht, so vielseitig verwendbar und von allen geliebt.

Nach kräftigem Gewitterregen waren alle mit einem Pflanzholz bewaffnet, um große Löcher in die Ackerfurchen zu stechen. Da hinein wurden Futterrüben- und Gemüsepflanzen gesetzt, wie das Weißkraut und das „Zackige", womit der Grünkohl gemeint ist.

„Das Wetter am Siebenschläfertag (27. Juni) sieben Wochen bleiben mag."

Hausmittelchen

Vor der Heuernte schwärmten wir aus und sammelten Blüten, die Arnikablüten. Eine Heilpflanze, die heute kaum einer mehr kennt, weil sie in unseren Wiesen nicht mehr zu finden ist. Gesammelt hatten wir die Blüten in der „Schnaubich", direkt vorm Wald.

Die Blüten füllten wir in dunkle Flaschen und übergossen sie mit reinem Alkohol.

Wegen der Sonnenbestrahlung wurden die Flaschen vor die Fenster gehängt. Ab und zu wurden sie geschüttelt.

Nach einigen Wochen entstand so ein Mittel gegen viele Wehwehchen, die bei Mensch und Tier Anwendung fand. Zum Einreiben und auch Einnehmen.

Gerade zur Winterzeit, wenn die Erkältungen uns heimsuchten, war das Mittel gern gesehen.

In einem Glas mit warmem Wasser oder Tee, wurde ein kleiner Löffel mit dem Mittel eingerührt. Ob da immer alle krank waren, die das Mittel in den Tee gerührt haben, ist nicht überliefert. Aber es half – auch den Tieren.

Blüte der Arnika
Meistgebrauchte Heilpflanze

Die alte Waschfrau

Siehst du geschäftig bei den Linnen
die Alte dort im weißen Haar ?
Die rüstigste der Wäscherinnen,
im sechsundsiebzigsten Jahr.

So hat sie stets mit saurem Schweiß
ihr Brot in Ehr und Zucht gegessen.
Und ausgefüllt mit treuem Fleiß
den Kreis, den Gott ihr zugemessen.

Sie hat in ihren jungen Tagen
geliebt, gehofft und sich vermählt.
Sie hat des Weibes Los getragen,
die Sorgen haben nicht gefehlt.

Sie hat den kranken Mann gepflegt
und hat drei Kinder ihm geboren.
Sie hat ihn in das Grab gelegt,
und Glaub' und Hoffnung nicht verloren.

Da galt's die Kinder zu ernähren,
sie griff es an mit heiter'm Mut.
Sie zog sie auf in Zucht und Ehren,
der Fleiß, die Ordnung sind ihr Gut.

Zu suchen ihren Unterhalt,
entließ sie segnend ihre Lieben.
So stand sie nun allein und alt,
Ihr war ihr heit'rer Mut geblieben.

Sie hat gespart, sie hat gesonnen
und Flachs gekauft und nachts gewacht.
Den Flachs zu feinem Garn gesponnen,
das Garn dem Weber hingebracht.

Der hat's gewebt zu Leinewand.
Die Schere brauchte sie, die Nadel
und nähte sich mit eig'ner Hand
ihr Sterbehemde sonder Tadel.

Ihr Sterbehemd, sie schätzt es -
verwahrt's im Schrein am Ehrenplatz.
Es ist ihr erstes und ihr letztes,
ihr Kleinod, ihr ersparter Schatz.

Sie legt es an, des Herren Wort
am Sonntag früh sich einzuprägen.
Dann legt sie's wohlgefällig fort,
bis sie darin zur Ruh sie legen.

Und ich an meinem Abend wollte,
ich hätte diesem Weibe gleich -
erfüllt, was ich erfüllen sollte,
in meinen Grenzen und Bereich.

Ich wollt', ich hätte so gewusst,
am Kelch des Lebens mich zu laben.
Und könnt' am Ende gleiche Lust
an meinem Sterbehemde haben.

(Verfasser unbekannt)

Waschtag

Manchen Frauen taten schon beim Gedanken an den Waschtag die Arme weh. Es war eine schwere und mühevolle Arbeit. Das Sortieren der Wäsche war ja noch ganz angenehm und konnte bei einem fröhlichem „Schwätzchen" stattfinden.
Die Wäsche wurde dann in Sodawasser eingeweicht. Nach dem Stampfen der Wäsche mit dem Stampfer, wurde sie anschließend ausgewaschen und in den Kessel mit Waschlauge gelegt. Da wurden die Gespräche bereits weniger. Die Lauge bestand aus mit in Wasser aufgelösten Seifenflocken.
In einem großen Waschkessel aus Emaille wurde die Wäsche gekocht. Damit das Feuer nicht ausging, musste unterm Kessel ständig Holz nachgelegt werden.
Da war dann aber Zeit, wieder ein Schwätzchen zu halten.

Waschzuber und erste Waschmaschine

So über die Wäsche an sich und die Träger im Besonderen. Trotz der Mühen konnte sogar gelacht werden.

Dann war wieder großes Stillschweigen angesagt, denn nun wurde die Kraft an der Wäsche verbraucht. Empfindliche Teile wurden von Hand mit Seife ausgewaschen.

War die Wäsche abgekühlt, wurde sie Stück für Stück auf einem Holzbrett, je nach Verschmutzungsgrad, mit Kernseife und Bürste nochmals bearbeitet.

Da gab es Zeiten, in denen es keine Seife oder Seifenflocken gab, da kamen Buchenasche, Salz, Talg, Soda und Eierschalen zum Einsatz.

Anschließend musste die Wäsche drei- bis viermal ausgespült und ausgewaschen werden. Klitschnass wurde sie entweder aufgehängt oder zum Bleichen auf der Wiese ausgelegt.

„Kommt alle mit – vorne liegt frische Wäsche"...

Pausen gab es dann wieder keine, denn die Wäsche, zum Bleichen auf der Wiese, musste immer wieder benetzt werden, wenn sie trocken wurde. Dafür musste das Wasser in der Gießkanne angeschleppt werden.

Die Buntwäsche kam nach der Kochwäsche dran, in derselben Lauge und wurde ebenso behandelt.

Eine Gemeinheit war es, wenn in einem unbewachten Moment Gänse über die zu bleichende Wäsche marschierten.

Da sie bei jeder Gelegenheit ihren grünlichen Schiss hinterließen, konnte die ganze Waschprozedur von vorn beginnen.

Hemden und Unterwäsche wurden am Sonntag frisch angezogen und die ganze Woche bis Samstagabend getragen.

Kragen, Manschetten und Hemdbrüste („Schappo" genannt), montierten sich die Männer zum Kirchgang, bei Beerdigungen oder Familienfesten auf ihre Leinenhemden. Später auch auf Baumwollhemden.

Alles war pappedeckelsteif gestärkt und gebügelt. Für diese Arbeit gab es auch extra ausgebildete Frauen.

Auch die Weißnäherinnen stärkten und bügelten je nach Wunsch diese Kragen und Hemdenbrüste – die Schappos! Ihre eigentliche Arbeit war das Nähen von Bettwäsche, Hemden, Nachthemden und Unterwäsche. Aber nur für Leute, die sich das leisten konnten. Solche begüterten Haushalte hatten natürlich auch Waschfrauen, die für ein paar Mark die Wäsche einer großen Familie gewaschen haben.

Wenn etwas gewaschen wurde, musste es später auch gebügelt werden.

Auch diese Arbeit war keine, um die sich die Frauen gerissen haben. Sie war wenig beliebt.
Das Bügeleisen, auf dem Herd heiß gemacht, konnte bei etwas Unachtsamkeit alles zunichte machen. Die schöne saubere Wäsche mit einem Bügelstrich wieder Schmutzig, ein schrecklicher Gedanke, der sich öfter realisierte, als den Frauen lieb sein konnte.

Monat Juli

Der Beginn einer anstrengenden Zeit, die sich bis in den Herbst ausdehnte.
Die Getreideernte hielt den gesamten ländlichen Betrieb in Atem. Viel Sonne und Wärme wünschte sich der Bauer dafür. Aber auch Gewitter dazwischen störten nicht den Ernteablauf, wenn keine Hagelkörner, die ein Juligewitter mitbringen kann, die Frucht zerstörten.
Für die Hausfrauen gab es ebenfalls viel Arbeit, denn im Garten wurden die Beeren reif.
Die „Klosterbeeren" (Stachelbeeren) und die „Gehannstraubel" (Johannisbeeren)
Nicht genug damit, es wurde auch noch in die Stengelbeer gegangen. Was so viel bedeutet, wie Himbeeren im Wald suchen und pflücken.

Im Garten wie im Wald halfen dabei die Kinder. Das war ja noch alles erträglich, aber die Fahrten nach Bad Orb, mit dem Lastwagen auf die Wegscheide, waren gefürchtet und schrecklich. Zumindest für mich und einige andere.
In den 50er Jahren strömten wir einen ganzen langen Tag aus in die Heidelbeeren.

Unter der heißen Sonne, von Mücken zerstochen und Zecken in den Arm- und Kniebeugen, füllten wir unsere Eimer. Abends kamen wir geschafft wieder nach Hause.

Am nächsten Tag musste es aber weitergehen, denn dann wurde eingeweckt und Marmelade gekocht. Als Belohnung gab es zum guten Schluss einen frischen Heidelbeerkuchen, das versöhnte wieder, denn der war sehr köstlich!

Starke Erinnerung habe ich an den Garten am Haus, den fast jeder Landwirtschaftsbetrieb besaß. Zu ihm gehörte auch immer eine kleine Wiese, die „Bleichwiese", auf der die Wäsche getrocknet und gebleicht wurde.

Von den Gänsen verschont geblieben

In den Hausgärten zogen die Frauen Obst, Gemüse und Kräuter. Dabei auch Pfefferminze für Tee und Majoran, der für die Hausschlachtung gebraucht wurde.

52

Auch Futterrüben- und Gemüsesamen wurden selbst gezogen und ausgesät. Wenn die Pflänzchen etwa die Größe von 10-15 Zentimeter erreicht hatten, wurden sie auf den Feldern gepflanzt.

Zu den Hauptzeiten der Feldarbeit, außer im Winter, wurde der ganze Tag auf den Feldern und Wiesen verbracht.

Manchmal unter schwierigen Bedingungen und bei jeder Witterung.

Am Morgen, nach der Hof- und Stallarbeit wurde der Wagen für die Feldarbeit mit allen Gerätschaften beladen. Wenn die Männer die Pferde schirrten und anspannten, stellten die Frauen Essen und Trinken für die Mahlzeiten zusammen und packten alles in selbst hergestellte Körbe.

Nahezu alle Lebensmittel kamen aus eigener Herstellung.

Kannen mit heißem Kaffee, Tee und Milch wurden erst in gestrickte Kannenwärmer gesteckt und dann in Wolldecken eingeschlagen, damit sie nicht auskühlten.

Alle Familienmitglieder wurden in der Land- und Hauswirtschaft beschäftigt, auch die Kinder. Sogar die Säuglinge und Kleinkinder waren mit auf dem Feld.

Zum Schlafen kamen sie in wollene Decken, die Mahlzeit gab es an der Mutterbrust, eventuell noch Zusatzkost. Die hygienische Versorgung wurde durch selbstgefertigte Windeln aus alten Betttüchern gewährleistet. Dabei lagen die kleinen Kinder auf einem Stroh- oder Heuhaufen oder auf den Blättern der Futterrüben.

In Spitzenzeiten wurden bei der Feldarbeit auch Tagelöhner eingesetzt. Das waren meist Frauen aus dem Dorf, die keine eigene Landwirtschaft hatten. Der Lohn waren Naturalien aus dem Betrieb.

Es musste bei der schweißtreibenden Arbeit immer Hand in Hand gearbeitet werden. Besonders beim Mähen des Getreides.

Ehepaar mit Erntemannschaft

Wenn genug Helfer vorhanden waren, ging das recht zügig. Die ersten mähten mit der Sense in versetzten Reihen, die nächsten nahmen das Getreide auf und banden es zu Garben, die von den nachfolgenden aufgestellt wurden.
In wenigen Stunden standen dort, wo vorher noch der Wind die Halme in Wellen bewegte, in gleichen Abständen die Kornhaufen. Diese bestanden immer aus neun Garben.

Für diesen Aufbau brauchte man immer zwei Personen. Der eine hielt die mittlere Garbe, der zweite stellte dann kreuzweise die anderen acht drum herum.

Vorher wurde das Getreide mit der Odragabel* zusammengeschoben und auf die nassen und selbst gemachten Strohseile gelegt und gebunden.

Dies ging bei Korn und Weizen so, weil lang genug. Gerste und Hafer blieben liegen, wurden gewendet und zu Häufchen zusammengerecht.

Gudrun Kneip während der Ausbildung in Ahl

**„Der Juli bringt die Sichel
für Hans und Michel !"**

Frisches Brot und Hutzeln

Zur allgemeinen Vorratshaltung gehörte auch das Brotbacken. Gebacken wurde im dörflichen Backhaus, in dem auch zu Festen Kuchen gebacken wurden.

Der Backtag war immer von großer Unruhe und Spannung geprägt, denn die Frage: Wird es gelingen?, stand permanent im Raum. Besonders litten darunter die Jüngeren, die noch wenig Erfahrung mit dem Backen hatten.

Die Profis, die Großmütter kannten sich aus, und alles lief nach einem strengen Zeitplan ab.

Bestimmt wurde dieser jedes Jahr von einer anderen Bäuerin im Dorf, der das „Backspiel" anvertraut wurde. Sie trug die Verantwortung. Sie hatte die Schlüssel für das Backhaus, musste alles zeitlich planen und das Backhaus sauber halten.

Am Vortag, bevor es um 18 Uhr losging, trafen sich die Frauen immer um 11 Uhr beim „Backspiel". Dort wurden dann Nummern vergeben, die gezogen wurden. Sie regelten die Reihenfolge der Frauen, die backen wollten. Da wünschte sich natürlich niemand die letzte Nummer.

Bei diesem Treffen sagte eine Frau einmal:

„Als ich enig nechts onnen da hinn die Kei geheit ho, hots elf Auer geläut. Do is mir ihgefalle, dass ich aach zum Backspiel wot. Stellt eich fier, ich hätt des vergesse!"

Am Vorabend um 18 Uhr war also das „Einmehren" dran, die Verbindung des Sauerteigs mit lauwarmem Wasser und einem Teil des Mehls. Am nächsten Morgen hieß es für die Frauen „Teig machen", Salz zufügen und eine Stunde gehen lassen. Danach luden sie den Teigtrog auf Schubkarren und fuhren damit zum Backhaus.

Die anderen Frauen sorgten schon recht früh für das Anheizen mit Reisig. Im vorgeheizten Ofen wurde dann von den Frauen die Temperatur geprüft. Auf einen Schieber steckte man drei Kornähren und fuhr damit dreimal rundherum durch den Ofen. Färbten die Ähren sich schön braun, war der Ofen heiß genug.
Vorher musste die Asche aus dem Ofen gezogen werden. Das Geschah mit dem Kesk*, der auch zum Auswischen des Ofens mit einem feuchten Lappen diente.
Ein wenig Glut, die vor die Kontrollklappe gelegt wurde, blieb während des Backens im Ofen zurück.
Die Frauen warfen später ein paar Schiebern* auf die Glut, die dann ein kleines Leuchtfeuer auslösten. Dabei konnten die Frauen erkennen, ob das Brot schon gut gebräunt war.
Vor dem Backen wurde immer etwas Teig aus dem Backtrog entnommen und in einen Steintopf gegeben. Man bedeckte ihn mit Salz, deckte ihn zu und stellte ihn kühl. Der durch Milchsäure-bakterien gegorene Sauerteig wurde beim nächsten Backtag als Triebmittel verwendet.
Die Zeit drängte, denn es musste „eingeschossen" werden – der Teig musste in den Backofen.

Nun wurde es etwas hektisch, nur die Abgeklärtheit der „Backhausprofis" sorgte für erforderliche Ruhe.
Die Hände wurden in Wasser getaucht, der Teig aus dem Trog entnommen und ein rundes Brot geformt.
Auf den vorbereiteten Schießer, mit Weizenkleie bestreut, damit der Teig nicht festklebte, wurde das Brot gelegt und an vier Seiten mit dem Finger eingekerbt. In die Mitte des Brotlaibs wurde noch ein Loch gedrückt. Aber nur beim ersten Brot, das „eingeschossen" wurde. Das letzte Brot bekam drei Löcher. Dies symbolisierte die Dreifaltigkeit:
Vater, Sohn und Heiliger Geist.

Nun war Ruhe eingekehrt und das Brot durfte etwa 1,5 Stunden backen. Kurz vor der Entnahme wurden die Laibe mit dem Schießer an die Backofenöffnung gezogen, mit einer in Wasser getauchten Bürste abgewaschen und für kurze Zeit noch einmal in den heißen Ofen geschubst.

Das Wasser brachte eine schöne Kruste und Glanz auf den Brotlaib.
Alles das, was mit dem erfolgreichen Backen zusammenhängt, verlangt ein eingespieltes Team und große Lust an harter Arbeit.

Der Glanz in den Augen der Backfrauen, wenn es allen schmeckt, ist der Lohn der Mühen.
Zuhause wurde dann das frische Brot auf die sogenannten „Hänge" im Keller gelagert. Anfangs noch knusprig und frisch, trocknete es nach etwa 14 Tagen aus und schmeckte nach Keller.

Nach dem Backen, vornehmlich im Herbst, wurde auf Lattenrosten, die mit Zwetschgen, Birnen und Apfelringen belegt waren, das Obst für den Wintervorrat getrocknet. Das so getrocknete Obst füllte man in Leinensäckchen und hängte sie getrennt auf.

v.l.: Maria Einschütz, Gudrun Kneip

Das Dörrobst war für uns Kinder immer ein willkommenes und gesundes Naschwerk.

Aber auch die ganze Familie hatte etwas davon, wenn zum Beispiel die Hefeklöße auf dem Dörrobst gekocht wurden. Denn so nannte man das getrocknete Obst. Nur die Birnen hatten einen eigenen Namen – sie waren die „Hutzeln".

Flachsmode

Ein blühendes Flachsfeld, ein herrlicher Anblick. Gelegentlich kann man sie heute wieder sehen. Zwei Möglichkeiten gab es früher beim Flachsanbau. Die einen wollten Leinsamen und mussten diese völlig ausreifen lassen.

Andere waren auf die Fasern des Stengels aus. Und da musste sofort nach der Blüte, bevor der Samen reifte, der Flachs geerntet werden. Er wurde zu Garben zusammengebunden, zum Rösten an der frischen Luft stehen gelassen, bis die Stengel rissig wurden und aufsprangen.

Vor etwa 100 Jahren versorgte sich in Europa fast jedes Dorf noch selbst mit Leinen. Selbst der ärmste Bauer hatte genug von dem Stoff, den sich heute nur noch wohlhabende und anspruchsvolle Leute leisten können.

Der Fortschritt hat mittlerweile den Flachs verdrängt und den hochwertigen Naturstoff durch Kunststofffaser ersetzt. Es lässt sich streiten darüber, ob es wirklich einen Fortschritt bedeutet.

Als noch, bis ins 20 Jahrhundert, viele Frauen weben und Wolle spinnen konnten, war alles anders.

Wenn der Flachs trocken war, wurde er geriffelt. Das heißt, die Pflanze wurde durch einen Stahlkamm gezogen und somit die Samenkapseln abgestreift. Die Kapseln wurden zum Ölpressen genutzt oder sie wurden ans Vieh verfüttert.

Die Leinfaser erhielt man durch das Schwingen, wobei die Faser vom Stengel getrennt wurde. Dies wurde mit einem Flachsbrecher erreicht.

Der nächste Schritt war das Hecheln. Dabei werden die Flachsfasern durch große Kämme oder über Nagelbretter gezogen. Erst danach können die Flachsfasern zu Leinengarn versponnen werden.

Nach dem Weben der Garne wurden die Stoffe auf einer Wiese gebleicht.

...zu meinem 10ten Geburtstag ein neues Kleid, selbstgenäht von Tante Lina... (Gudrun Kneip 1949)

Rapsanbau

Wenn man vom Flachs redet und vom Ölpressen, darf man nicht den Raps vergessen.

In den 40er Jahren wurde in unserer Gegend viel Raps angebaut. Die Ölmühle befand sich in Neuenschmidten und wurde von der Familie Junius geführt. Raps war in zweierlei Hinsicht wertvoll für den Landwirt. Das Öl selbst für den Haushalt und die Feststoffe für das Vieh.

Das gepresste Öl wurde gewöhnlich auf dem Küchenherd „gesprengt", was so viel heißt, dass die Bitterstoffe dem Öl entzogen werden mussten. Diese Prozedur verursachte im ganzen Haus einen üblen Gestank.

Dazu kamen in den Topf rohe Kartoffelstücke und Brotscheiben, die diese Bitterstoffe aufsogen.

Danach war das Öl genießbar und konnte von der Hausfrau genutzt werden.

Der Ölkuchen, beim Pressen des Raps` übrig geblieben, wurde in Wasser eingeweicht, damit ein Brei entstand. Dieser Ölkuchen wurde dem Milchvieh im Winter als Zusatzfutter gereicht, da es viel Eiweiß enthielt und die Milchproduktion anregen sollte.

Aber es gab weitere Möglichkeiten, für Öl zu sorgen. Nach dem Krieg haben die Flüchtlinge zentnerweise Bucheckern im Wald gesammelt, aus denen Öl gewonnen wurde.

Ganz besonders schmackhaftes Öl konnte aus der Walnuss gewonnen werden, wenn man sich die Arbeit des Nüsseknackens machte.

Die Walnusskerne kamen dann ebenfalls in die Mühle.

Monat August

August ist heute gleichbedeutend mit Urlaub, Sonne und Strand.

Zur damaligen Zeit dachte im August niemand an Urlaub oder Ferien. Die Ernte war da noch in vollem Gange, denn der Hafer war dran und musste eingebracht werden.

Die große Ernte fand auch im Hausgarten statt, denn Karotten, Bohnen, auch Salat und frühe Kartoffeln mussten raus.

Ein besonderer Vorrat waren die „Dippebohnen". Das waren gesalzene Bohnen, die in einem steinernen Topf festgedrückt und beschwert wurden, zugebunden und kühl gestellt.

Eine etwas aufwendige Art der Vorratsaufbereitung war das Einlegen der Weißrüben. Die wurden geschält, in Stifte geschnitten, auf dem Küchentisch gesalzen und gut vermengt.

Über Nacht wurde der Tisch dann schräg gestellt, dass die „wilde Brühe", die sich durch das Einsalzen bildete, ablaufen konnte.

Am nächsten Tag wurden dann die Weißrüben-Stifte in Steinguttöpfen eingestampft, wie die „Dippebohnen".

In die freigewordenen Flächen wurde der Feldsalat gesät. Der war dann im Herbst an Frische kaum zu überbieten.

Den Küchenkräutern wurde ebenfalls große Aufmerksamkeit geschenkt, sie wurden geschnitten und getrocknet. Heute friert man die Kräuter ein.

Die Kirschbäume bekamen ihren Sommerschnitt.
Es kam also im schönen August keine Langeweile
auf. Die Tage wurden spürbar kürzer.
Ausgerechnet in die Zeit der meisten Arbeit, fielen
natürlich auch Ereignisse, die der Mensch nicht
unbedingt brauchte. Aber abwenden konnte man
das auch nicht. Es war der Lauf der Dinge und der
christliche Mensch akzeptiert es.
Da wechselten Momente zwischen himmelhoch
jauchzend und zu Tode betrübt.

**„August ohne Feuer (Sonne),
macht das Brot teuer.“**

***

Zuwachs auf dem Hof

In den Dörfern gab es nur bodenständige,
bäuerliche Familien und einfache Handwerker. Es
war selbstverständlich, dass jeden Sonntag
zumindest ein Familienmitglied zum Gottesdienst
ging. Fleißig, rechtschaffen, großherzig und fromm
zu sein, war das Lebensmotto.
Kindersegen wurde als der Segen Gottes
hingenommen und außerdem brauchte man
damals bei der Arbeit auf dem Hof jede Hand. Es
war ein Denken in die Zukunft.

Geburten fanden ebenfalls, wie alle großen
Familienfeste, im Hause statt. Die wichtigste
Person, bis der kleine Schreihals auf der Welt war,
ist die Hebamme gewesen. Nach der Geburt
wurde mit ihr gemeinsam gefrühstückt.

Dabei wurde ein Schinken aufgeschnitten, der extra dafür aufgehoben wurde.

Zur Kindtaufe trug auch die Hebamme das Baby zur Kirche. Danach wurde ein Abschiedstrinken veranstaltet.

Die Angehörigen des neuen Erdenbürgers saßen mit der Hebamme an einem Tisch und tranken Wein aus einem Glas. Der Vater begann mit dem ersten Schluck und warf vorher ein Geldstück ins Glas. Es machte anschließend die Runde, wurde von Wein geleert und füllte sich mit Geld. Die Hebamme nahm den letzten Schluck und durfte das Geld als Bezahlung behalten.

Für die Bäuerin gab es nach der Niederkunft kaum ausruhen, denn das kleine Kind, wenn auch gewünscht, war neben der anderen Arbeit eine große Belastung.

Rücksicht wurde darauf, auch bei schwerer Feld- und Stallarbeit, wenig genommen. Und die Frau konnte auch nie sicher sein, dass sie wenige Monate danach nicht schon wieder „guter Hoffnung" war.

Bis in die ersten Jahrzehnte des 20. Jahrhunderts waren zehn und mehr Kinder keine Seltenheit. Trotz der hohen Säuglingssterblichkeit in jenen Zeiten, in denen es Mangel in den hygienischen Verhältnissen und Unwissenheit gab.

Auch die Kirche spielte immer eine große Rolle bei Geburt und Tod. Noch in den 30er Jahren ermahnte der Pfarrer die Eheleute, wenn sich in einem Jahr mal kein Nachwuchs einstellte. Dann gerieten die Paare in den ungeheuerlichen Verdacht, Liebe nur aus Lust und Spaß zu praktizieren.

Ich erinnere mich noch genau daran, als ich selbst mein erstes Kind bekam. Wir glaubten mal daran, der Klapperstorch bringt die Babys. Ganz unspektakulär. Wie schön, dass es nur ein Irrglaube war.

Auf dem Land wurde bis in die 60er Jahre das Kind noch häufig in der häuslichen Umgebung geboren. Mit großer Unterstützung durch die Hebamme und erfahrenen Nachbarn oder Verwandten.

Ich hatte zwar schon in meiner Fachschulausbildung Unterricht in Säuglingspflege erhalten, aber über den Ablauf einer Geburt wusste ich nichts, darüber haben die Mütter nie gesprochen.

Es war der Heilige Abend 1958, meine Schwangerschaft war ziemlich weit fortgeschritten, als mir meine Schwiegermutter in unserem Schlafzimmer heimlich Babywäsche schenkte. Vor der offiziellen Bescherung. „So was müssen die Mannsleut' nicht sehen", meinte sie flüsternd.

Diese Mannsleut' waren mein Mann, der Schwiegervater, ein Opa und ein lediger Schwager.

Als die Geburt bevorstand, wurde die Hebamme Maria Fehl aus Obersotzbach geholt, die auch schon meinem Mann auf die Welt verhalf. Eine erfahrene Frau also. Sie war die ganze Nacht bei mir und mein Sohn wurde erst am nächsten Tag um 12 Uhr am Mittag geboren. Mein Mann war mit dabei.

Ich war froh, dass es nicht so kam, wie viele Jahre vorher, als Maria Fehl auch dabei war, als mein Mann geboren wurde.

Mein Schwiegervater musste nämlich seinerzeit mit dem Fahrrad nach Obersotzbach fahren und Maria Fehl abholen.

Aber sie war in der Aurora, direkt am Wald im „Planzgarte" (einer Baumzuchtanlage).

Drumherum standen eine Menge Stengelbeeren, die sie pflückte. Bis sie gefunden wurde, alles gepackt hatte und schließlich auf dem Hof ankam, war die Chose schon gelaufen. Das Kind Heinrich, mein Mann, war schon da.

Täglich kam nun die Hebamme und versorgte mich und das Kind. Die Tradition auf dem Lande verschaffte mir ein „Wochenbett" für vier Wochen, in denen ich das Zimmer nicht verlassen durfte.

Eine andere Tradition hieß „es wird gesteuert". Da kamen die Verwandtschaft und liebe Nachbarinnen zum „Kindbettbesuch" und brachten Geschenke. Stoffe für Schlafanzüge, Babywäsche und Kleidchen.

Pampers? Natürlich nicht, denn die Kleinen wurden in Mull- und Molternwindeln (feingewebter Baumwollstoff), sowie Resten aus alten Betttüchern verpackt und mehrmals am Tag trocken gelegt. Die tägliche Arbeit hieß: Windeln waschen, auskochen, spülen, auswringen, aufhängen, abhängen und zusammenlegen – aber ordentlich!

Fertignahrung? Vorrang hatte die Mutterbrust.

Nach ein paar Monaten gab es dann frischen Karotten-, Spinat- und Obstbrei, sowie Haferflockenmilch. Ich muss nicht betonen, wie spannend das mit dem Brei war.

Sehr früh schon kamen die Kinder mit an den Tisch und wurden, soweit es möglich war, mitgefüttert.

Ein Schreihals? Da gab es früher ein probates Mittel, wenn die Mutter in den Stall oder aufs Feld musste – oder vielleicht nur einfach mal durchschlafen wollte. Diese traditionelle Unsitte war aber zu meiner Zeit glücklicherweise vorbei. Da wurde nämlich ein Nuckel aus einem kleinen Leinensäckchen mit Zucker hergestellt. Manche gaben zur „Sicherheit" noch einen Tropfen Branntwein dazu. Das Kind schlief und war garantiert kein Schreihals mehr!

Die kirchliche Taufe

Wenn das Kind die ersten Wochen oder Monate überstanden hatte, Mutter und Kind wohlauf waren, begann die Vorplanung der Familie für die Taufe. In der frühen Zeit wurde die regelmäßig noch in den eigenen vier Wänden durchgeführt.

Da war alles auf den Beinen, dem gesunden Erdenbürger auch den himmlischen Segen angedeihen zu lassen. Die Zeremonie war, bis auf wenige Kleinigkeiten, die sich von Familie zu Familie anders darstellten, genau geregelt.

Die wichtigsten Personen, neben allen Familienangehörigen, waren der Kindsvater, die „Goth" und der „Petter", die Hebamme, sowie der Herr Pfarrer.

Der erste Gang einer jungen Mutter, raus aus dem Haus, war der in die Kirche.

Die Taufschüssel aus Zinn und die Kanne für das Wasser wurden beim Pfarrer abgeholt.

Geschenke zur Taufe gab es auch. „Goth" und „Petter" brachten einen Schwartemagen mit, der für diesen Zweck rechtzeitig zurückgelegt wurde.

Die Hebamme erhielt vom Kindsvater, von der „Goth" und dem „Petter", ein Trinkgeld. Dies geschah aber erstmals in den 50er Jahren.

Anschließend gab's für alle Kaffee und Kuchen. Das eine oder andere Schnäpschen machte die Runde, denn die Familie freute sich natürlich über den Nachwuchs und die gelungene Taufe. Und diese Freude dauerte manchmal feuchtfröhlich bis in die Nacht.

Der Kindsvater, der sich ganz besonders freute, erlebte die Stunden besonders intensiv, und brauchte am nächsten Tag manchmal das Hausmittelchen der Arnikablüte gegen Unpässlichkeit.

Gut, dass der Täufling da schon früh in seligen Träumen lag und, mit Gottes Segen versehen, munter den nächsten Tag begrüßen konnte. Zudem bekam das getaufte Kind noch ein aufgeschlagenes Gesangbuch unters Kissen gelegt – bis zur nächsten Mahlzeit. Es sollte ja auch ein gläubiger Erdenbürger werden.

***

Etwas traurig war die Tatsache, dass bis nach der vorigen Jahrhundertwende, überall im Land viele junge Frauen nach körperlicher Überlastung und den vielen schlecht versorgten Geburten früh verstarben.

Ganz Alte wissen noch genau, dass in unseren Dörfern in vielen Familien der „Bluthusten" grassierte.

Nur weil wenige in einer Krankenkasse waren, und die Ärzte weit und teuer. Also unterblieb meist sachkundige Hilfe.

Die Männer mussten dann schnell wieder jüngere Frauen heiraten, die mit Kindern den Haushalt bereicherten. Für Pflege, eigene Bedürfnisse und Bildung wurde nicht viel Aufwand betrieben.

Erst in der zweiten Hälfte des 20. Jahrhunderts änderte sich die Situation der ländlichen Lebensverhältnisse spürbar.

Großer Tag des neuen Erdenbürgers Jutta Kneip
Luise Simon   Maria Einschütz   Gudrun Kneip

Trauriger Abschied

So wie Hochzeit und Geburt, war auch der Tod meist Gast im eigenen Haus.
Damals war das Leben der Menschen auf dem Lande geprägt von Entbehrungen, harter Arbeit, großem Kinderreichtum und dem Einfluss der Obrigkeit, sowie den vielfältigen Frondiensten für die adelige Herrschaft.

Starb im Hause jemand, zündete die Familie im Sterbezimmer ein Licht an, das bis zur Beerdigung neben dem Toten brannte. Von den Nachbarsmännern wurde das Grab ausgehoben und die Beerdigung ausgerichtet.
Am Beerdigungstag stand der Sarg auf zwei Stühlen im Hausgang. Die Angehörigen und die Trauergäste versammelten sich vor dem Sterbehaus, um dabei zu sein, wenn der Sarg beim Ertönen der Kirchenglocken verschlossen wurde.
Die Sargträger, meist die Nachbarn, trugen den Sarg mit dem Fußende zuerst aus dem Haus. Alles sollte so sein, als wenn der Verstorbene aus dem Hause geht.
Zum Leichenzug gehörte auch der Schulmeister mit seinen Schulkindern, die mit ihm zur Aussegnung am offenen Grab sangen.

Der Tröster, ein Brauch, mit den Angehörigen gemeinsam zu trauern und ihnen über die schweren ersten Tage zu helfen, fand ebenfalls zuhause, im Hause des Verstorbenen statt. Vorher brachten die Frauen Milch und Butter für die „Trösterweck" und halfen bei der Ausrichtung.

Später trugen sie dann Kaffee und Zucker, sowie die Trösterweck zu den Nachbarn und den zuhause gebliebenen Verwandten. Zu solchen Anlässen wurde nicht der lose Zucker genommen, sondern der Würfelzucker, etwas ganz Besonderes zu der Zeit. Und von den Kindern als Bonbon heiß geliebt.

Während der Trauerzeit, die für die nächsten Angehörigen meist ein Jahr betrug, enthielt man sich aller Lustbarkeiten und trug einfache schwarze Kleidung.
Im Zusammenhang mit Tod und Nachrichten jedweder Art ist auch der Ortsdiener zu sehen.
Mit einer Schelle ausgestattet, überbrachte er die Mitteilungen und Anordnungen aus dem Bürgermeisteramt.
Erst langsames Bimmeln, damit jeder hörte, da wird gleich etwas kundgetan. Dann folgte schnelleres Bimmeln, bevor die Nachricht anschließend verlesen wurde.
Dem Dorfbewohner wurde so schnell und einfach das Neueste und Notwendigste vom Bürger-meister mitgeteilt.
Etwas ruhiger ging es zu, wenn es sich um eine Todesmeldung handelte. Es war damals wie heute, eine traurige Angelegenheit.

Wäsche, der Stolz der Hausfrau

In den ersten Jahrzehnten des 20. Jahrhunderts wurde wenig für die Bekleidung ausgegeben. Männer ließen sich für die Hochzeit einen Anzug fertigen, der ein Leben lang zu allen feierlichen Anlässen getragen wurde. Genannt wurde dieser Anzug „Kopulieranzug".

Da niemand viel Fett ansetzen konnte, war es eben eine Investition fürs Leben. Als Mantel nähte der Schneider noch einen sogenannten Überzieher, zu dem ein feiner Samtkragen gehörte. Nach dem sonntäglichen Kirchgang wanderte das Ensemble gleich wieder in den Kleiderschrank, um die „guten Sachen" zu schonen. Dann kam die Manchesterhose wieder zum Einsatz.

Die Frauen bekamen zur Hochzeit meist ein schwarzes Kleid mit weißem Schleier. Auch dies diente viele Jahre als Festtagsbekleidung.

Wichtig für die Frau war die selbstgenähte Leinen-unterwäsche und mit feinen Häkelspitzen verzierte Leinennachthemden. Alltagskleider waren aus kleingeblümtem Baumwollstoff.

Viel Auswahl und Abwechslung gab es nicht. Als der zweite Weltkrieg begann, gab es nicht mal mehr diese einfachen Stoffe.

Sofort nach dem Krieg trugen die Bauern ohne Bedenken umgeänderte Wehrmachtsuniformen – natürlich ohne die Abzeichen. Bis weit in die 50er Jahre wurden auch Zeltplanen und Wolldecken zu Regenjacken und Wintermänteln umgearbeitet.

Ein Glücksfall war der Besitz von Fallschirmseide, genannt „Fliegergarn".

Aufgedrehte Fallschirmschnüre wurden zum Häkeln von Blusen und Deckchen verwendet. Junge Mädchen zauberten mit der Häkelnadel Tischdecken für die Aussteuer, Strümpfe, Tauf- und Hochzeitskleider, Scheibengardinen.

Eine Rolle Fallschirmseide war sogar ein wertvolles Tauschobjekt.

Zur Fallschirmseide gibt es eine Geschichte, die ich nie vergessen werde:

Unsere Mutter hatte zwei Obstböden gebacken. Zum Belegen brauchten wir Erdbeeren, die meine Schwester und ich aus dem Wald holen sollten.

Wir hatten beide leichte Sommerkleider aus Leinenbetttüchern an, die uns die Schneiderin nähte. Diese hatte sie dunkelrot eingefärbt.

Auf dem Rückweg vom Wald gerieten wir in ein Gewitter. Als wir die Kleider zuhause auszogen, waren unsere Körper rot gefärbt.

Meine Kniestrümpfe aus Fallschirmseide waren zudem vom Regen so hart geworden, dass ich sie nicht ausziehen konnte. Mutter schnitt sie mir von den Beinen. Ade Fallschirmseide, dieses wertvolle Tauschobjekt.

Für jeden in der Familie gab es die Arbeits- und Sonntagskleidung, für die Kinder meist noch die Schulkleidung oder eine Schulschürze. Zum Beispiel hätte keine Hausfrau es gewagt, ohne Schürze ihren Arbeitstag zu beginnen.

Die Wäsche hatte für die Hausfrau einen hohen Stellenwert.

74

Die Pflege derselben wurde von den Frauen meist in den Wintermonaten ausgeführt. Es gehörte nicht nur zur Ehre jeder Hausfrau, einen Flicken einwandfrei aufzusetzen, sondern auch einen vorbildlich eingeräumten Wäscheschrank zu besitzen.

An den vorderen Kanten der Regalbretter waren Spitzenborten befestigt. Sauber und frisch musste sie daliegen, die Wäsche. Der gefüllte und ordentliche Wäscheschrank war der Stolz jeder Hausfrau. Es gab unterschiedliche Regale. In den einen lag die wertvolle Wäsche wie die Aussteuer, die kaum benutzt wurde, außer mal an besonderen Feiertagen oder zu Beerdigungen. Die Aussteuerwäsche war nicht selten mit einem Monogramm bestickt.

Kleidung musste natürlich sein und war für den täglichen Bedarf und zu den unterschiedlichsten Gelegenheiten eine Notwendigkeit. Sie zu besitzen war eine Sache, sie herzustellen eine andere.

Und dafür kam auch mal die Schneiderin ins Haus. Je nach Bedarf für drei bis vier Tage, arbeitete für Verpflegung und ein paar Mark Lohn.

Ihre Aufträge hießen Hochzeitskleider, Kirchgangskleider, Heumachkleider und Kirmeskleider. Aber auch für Kinder wurde manches genäht.

In Kriegszeiten mussten die Familien ältere Sachen immer wieder drehen und wenden. Manchmal auch aus Stücken neu zusammensetzen, denn Stoffe zu kaufen oder gar fertige Kleider, gab es nicht.

Die Kinder mussten dagegen alle abgelegten Kleider und Schuhe der älteren Geschwister auftragen. Die Werktagsschuhe wurden genagelt, Spitze und Absatz mit Eisenblättchen versehen, damit sie länger hielten. Im Sommer war es einfacher, da liefen alle oft barfuss.

Die Aussteuer stand dem Mädchen wie dem Burschen gleichermaßen zu. Das Mädchen erhielt, neben der Haushaltswäsche und Möbeln, gestrickte Unterwäsche und Wollstrümpfe, sowie bunt bemalte Heurechen aus Holz.
Zum Burschen gehörten 12 Paar gestrickte Strümpfe und, je nach Vermögen, 12 handgewebte Leinenhemden. Wenn der Bursche in einen anderen Hof einheiratete, bekam er ebenfalls Bettwäsche mit.

HERBST

Monat September

Nun begann wohl die schwierigste und arbeitsintensivste Zeit auf den Bauernhöfen. Es ist auch die Zeit, aus der es die meisten Geschichten zu erzählen gibt. Da hat sich die Kraft der Sommersonne auch auf die Menschen ausgewirkt. Nun brauchten sie alle getankte Energie, die anfallenden Arbeiten zu bewältigen.
Es war auch die Zeit, in der Schicksalsschläge am wenigsten zu verkraften waren. Jeder wurde gebraucht. Auch wenn die alte Bäuerin „nur" das Abendessen für die Familie vorbereitete.

Der September läutete zwar ganz allmählich den Herbst ein, obwohl manche warmen Tage mehr an den Sommer erinnerten. Es nannte sich, und heißt auch noch heute, der „Altweibersommer", der viel Gutes in sich hatte, denn viele Früchte kamen noch zur endgültigen Reife.

Die auf dem Feld angebauten Kohlsorten, Rotkohl, Wirsing, Weißkraut und Unterkohlrabi* wurden geerntet und kamen in den Vorratskeller, die Wurzeln mit Erde angehäufelt, damit sie sich länger halten und frisch bleiben.
Die Futterrüben wurden mit der Hand ausgerissen und die Blätter abgeschnitten. Die Rüben kamen in den Rübenkeller und die Blätter verfütterte man an Kühe und Schweine. Die geernteten Felder wurden gepflügt und neu mit Getreide bestellt.

In der Zeit wurde auch der Hausgarten umgegraben und winterfest gemacht. Die Gartengeräte wurden gereinigt, eingefettet und fein säuberlich an einer Wand aufgehängt.

Wenn man von Getreide redet, muss man auch an Brot denken. Und das war mit dem Sprichwort verbunden: „Die Spreu vom Weizen trennen". Das Getreide musste gedroschen werden, denn die Spreu wurde anderweitig verwendet. Eine Arbeit, die zu allen Zeiten den ganzen Mann forderte. Die Arbeit mit Dreschflegeln war schon lange vor dem zweiten Weltkrieg vorbei. Es gab Dreschma-schinen.
Da kamen große Ungetüme auf die Höfe, deren Motorenkraft die Arbeit übernahm.

Dazu stellte man einen Generatorwagen davor, der mit Diesel betrieben, die Stromleistung auf die Dreschmaschine übertrug. Auch Dreschhallen oder besondere Plätze standen zur Verfügung. Die Frucht kam in Säcke und das Stroh wurde zu Ballen gepresst.

Nachbarn und Verwandte waren zur Hilfe dabei. Beim nächsten Einsatz war man dann selbst Helfer. An der Dreschmaschine und den anderen Arbeiten waren an dem Tag viele Personen erforderlich.

Großes Aufgebot bei Familie Jai beim Dreschen – auch die Kleinsten waren mit dabei...

An so einem Tag begannen die Frauen bereits um fünf Uhr in der Früh mit den Vorbereitungen. Alle Helfer kamen vor Arbeitsbeginn zum Kaffee, zu dem Brot, Butter, Marmelade und Gelee gereicht wurde.

Das eigentliche Frühstück für alle gab es erst um 9 Uhr. Da wurde dann Wurst und Schinken aufgetischt, wieder mit Kaffee und Schnaps.

Es wurde deftig gekocht – Nudelsuppe, Wirsing-gemüse, Kartoffeln, Rindfleisch und Schweine-bauch.

Dazu gab es Bier und Schnaps, um den vielen Staub hinunter zu spülen. Dreschen ging meist bis spät in die Nacht.

**„Ist der September hell und klar,
hoffen wir auf ein fruchtbares Jahr."**

***

Vorratshaltung

Das große Thema in den ländlichen Betrieben war die Vorratshaltung, die nötig war, die Familie kontinuierlich über das ganze Jahr zu versorgen.

Alle Früchte und Dinge, die zum täglichen Bedarf notwendig waren, wurden hergestellt und genutzt. Nichts ging verloren.

Da war das Kraut, das zu Sauerkraut eingeschnitten wurde und sehr lange haltbar war.

Oder Eier, die auf drei unterschiedliche Weisen gelagert wurden.

Die mussten deshalb früh gelagert werden, weil die Hühner im Winter, wegen der Kälte kaum Eier legten.

Einlegen #1 - in Wasserglas. Dazu wurde ein weißes Pulver in Wasser angerührt, das man sich in der Apotheke besorgen musste. Nach dem Anrühren wurde eine geleeartige Masse daraus.

Einlegen #2 – in gelöschtem Kalk, mit Wasser verrührt.

Einlegen #3 – direkt ins Korn (Roggen) gelegt, der auf dem Dachboden gelagert wurde.

Roggen wurde säckeweise zur Mühle gebracht und das Mehl gemahlen für das tägliche Brot. Alle vier Wochen wurde im Backhaus gebacken.

Kleie wurde an Schweine verfüttert. Weizen ergab Gries und Kuchenmehl. Ein halber Sack Gerste wurde in der Mühle zu Graupen verarbeitet, die dann mit Gemüse zu einer kräftigen Suppe gekocht wurden.

Butter brauchte der Haushalt auch, denn für den täglichen Bedarf, wie auch Kochen und Braten, war sie unerlässlich. Falls die Kühe nicht trocken standen, wurde deshalb jede Woche „gebuttert".

Und ganz besonders war das Rösten von Roggen und Gerste, womit man Kaffee herstellen konnte.

Die Röstung erfolgte in einem Topf auf dem offenen Herd. Die Gerste ergab dann den sogenannten Malzkaffee und aus dem Roggen stellte man den Kornkaffee her.

Daneben hatte man Futterrüben, gewaschen, gebürstet und geschnitten, auf dem Kachelofen getrocknet.

Diese „Kehlschnitze" wurden in Leinenbeuteln in der Speisekammer aufgehängt.

Etwa alle paar Wochen verteilte man die Schnitze auf Backbleche, um sie braun zu rösten. Erkaltet wurden sie mit einem Mörser zerstampft und als Zusatz in den Malzkaffee gegeben. Der Zusatz wurde immer frisch hergestellt. Nach dem Rösten lieferten die Inhaltsstoffe der Schnitze einen feinen und bitteren Geschmack.

Dazu konnte man noch geröstete Zichorie kaufen, denn die kultivierte Wurzel der Wegwarte* enthält Stärke und reichlich Zucker.

Äpfel und Birnen kamen auf Holzgerüsten in den Keller, damit im Winter frisches Obst zur Verfügung stand.

Pfefferminze wurde für Tee getrocknet. Auch Lindenblüten gegen Erkältung. Majoran aus dem Garten brauchte man für Suppen und Leberwurst.

Mäuse rennen um ihr Leben

Schwerstarbeit kündigt sich an, wenn es zur Kartoffelernte geht. Das betraf die gesamte Familie.

Die wichtigsten Helfer waren dabei die Pferde, die den Kartoffelroder über den Acker zogen und die Erde aufbrachen, zur Seite umlegten und die Kartoffelknollen auswarfen.

Die Mäuse, die sich in den Äckern aufhielten und uns ganz schön ärgerten, rannten zu der Zeit um ihr Leben.

Sie purzelten teilweise mit dem aufgeworfenen Erdreich durcheinander und mussten sich in Sicherheit bringen.

Zu der Zeit hielten sich auch gern Mäusejäger in unserer Nähe auf, für sie war das wie ein gedeckter Tisch, ganz speziell für unseren Hofhund.

Mit Pferdekraft, der Handarbeit aller Familienmitglieder und Helfer, dauerte die Ernte so etwa eine Woche.

Hinter dem Pferdefuhrwerk sind die Menschen hergelaufen und haben die wertvollen Knollen aufgelesen, sortiert und in die Mahne* geworfen.

Die gesunden und großen wurden zum Einkellern und für die nächste Saat gebraucht.

Die kleineren wurden für das tägliche Schweinefutter gedämpft und gestampft, teilweise auch eingelagert.

Wenn wir aus der Schule kamen, hatten wir nur eine kurze Verschnaufpause, denn mit in die eine Hand bekamen wir eine große Kanne warmen Kaffee und in die andere einen Korb mit Essen.

Damit ging es aufs Feld zu Opa und Papa, die schon seit dem frühen Morgen dort waren.

Manchmal war der Weg zu den Feldern drei bis vier Kilometer weit zu laufen. Da wurden unsere Arme auf den letzten Metern immer länger.

Aus der Mahne wanderten die Kartoffel in große Säcke, die am Ende des Tages auf den Wagen geladen wurden. Eine schwere Arbeit. Zuhause wurden die Säcke dann durch die Küche in die hintere Kammer gebracht. Dort war ein Loch im Fußboden, das mit einem Deckel verschlossen wurde.

Auch Kriegsgefangene waren mit Eifer bei den Vorbereitungen zum Kartoffelstecken dabei

Darunter befand sich der Keller, in den die Kartoffeln rollten.

Wenn die Kartoffeln den ganzen Tag in der Sonne standen, war diese Arbeit mit viel Staub verbunden, der sich in Wolken durch das ganze Haus zog. Nach der Ernte war dann regelmäßig Hausputz angesagt.

Das war aber nicht die einzige Säuberungsaktion, denn die Kartoffelsäcke mussten für das nächste Jahr wieder sauber sein.

Sie wurden im Bach eingeweicht und mit der Holzpatsche geklopft und anschließend mehrfach ausgespült. Zum Trocknen wurden sie danach über den Gartenzaun gehängt.

Schön war es zur Erntezeit auch, denn die ersten Zwetschgen waren reif.

Da waren die Frauen natürlich gern bereit, der hart arbeitenden Familie und den anderen Helfern, einen saftigen „Quetschekuche" und frischen Kaffee aufs Feld zu bringen. Vielleicht war sogar zum frischen Brot noch Latwerge vom Vorjahr übrig.

Für uns Kinder gab es immer eine besondere Art von Ernteeinsatz, wenn auch nur zum Üben, wie ich das heute sehe.

Wenn das Feld abgeerntet war, kramten wir die übersehenen kleinen Knollen aus der Erde. Das war meist der Fall, wenn wir die Kühe zu hüten hatten und sie überall fressen konnten, was sie nur fanden. Wir brauchten im Herbst nicht besonders auf sie aufzupassen und machten derweil unser eigenes Ding.

Natürlich spielten wir auch viel, heckten Streiche aus und trieben Schabernack. Einer der Streiche hieß „Fuchs in die Höhle".

Das klappte natürlich nur bei den Unerfahrenen oder fremden Kindern, die zu Besuch waren.

So einen setzten wir, Gesicht voraus, vor einen frischen Kuhfladen und legten eine Decke über die gespreizten Beine.

Ihm wurde dann erzählt, dass sich ein anderer, den man reinlegen wollte, angeblich darunter verstecken soll.

Der fremde Freund frohlockte bereits, sah er doch den armen Kerl schon im Kuhfladen liegend. Der andere aber, einer von uns, kroch nur ein Stück unter die Decke, packte den Kichernden an den Beinen und zog ihn durch den Kuhfladen. Die Schadenfreude war durch nichts zu ersetzen.

Anschließend sammelten wir alle Kartoffelkraut, legten es auf einen Haufen und zündeten es an. Dort kamen dann die Kartoffeln hinein, um sie zu garen.

Dann spielten wir uns selbst, ohne es zu wollen, den größten Streich, denn meist holten wir unsere Kartoffel zu spät aus dem Feuer. Ziemlich verkohlt angelten wir sie dann aus der Asche.

Trotzdem schmeckten sie uns gut und da von uns selbst „verkohlt", waren sie besser als jede Suppe oder Schweinebraten, den die Mutter auftischte. Alles hat eben seine Zeit.

Latwerge im Steintopf

Der Garten mit dem Obst und Gemüse war die Vorratskammer für den täglichen Bedarf. Überschüssige Früchte wurden für den Winter eingekocht oder zu Gelee und Marmelade verarbeitet.

Eine ganz besondere Arbeit war die Herstellung der Latwerge (Quetsche oder Zwetschge), für das es ein sehr zeitaufwendiges Rezept gibt.

In ganz früher Zeit wurde es bereits als Arznei in Breiform gepriesen.

Seit Jahrhunderten haben die Frauen in unserer Gegend die Zwetschgen zentnerweise durch langes Kochen haltbar gemacht, dass ein köstliches Mus entstand. Das ganze Jahr hatten wir so Brotaufstrich und eine Beilage zu vielen einfachen Gerichten. Das Latwergekochen machte nicht nur Mühe und viel Arbeit, sondern war auch ein geselliges Ereignis.

Gemeinsames Entsteinen brachte die Familie und Nachbarn zusammen.

Am meisten freute sich der Kupferkessel, denn er wurde zum Muskocher befördert. Er musste ungeheure Massen des süßen Fruchtfleischs aufnehmen. Gewaschen und entsteint wurden in ihm die Zwetschgen in Wasser geköchelt.

Dann hieß es rühren, rühren, rühren – und das für mehrere Stunden. Die Latwerge brannte sonst am Boden fest. Eine schweißtreibende Arbeit. Eine Ablösung wurde mit viel Freude aufgenommen.

Die abgestellten „Latwerge-Rührer" mussten zuverlässig sein, denn eine Minute nicht aufgepasst, schmeckte man die Nachlässigkeit durchs ganze Jahr hindurch.

Dazu musste der Kessel immer wieder mit Holz befeuert werden, um die Temperatur konstant zu halten. Am Schluss wurde, zum Zwecke der Konservierung, Zuckerrübensaft hinzugegeben.

Da Zucker ziemlich teuer war, nur wenige hatten dafür das Geld, wurde in den meisten Betrieben die Zuckerrübe in kleinen Mengen im Hausgarten angebaut. In selbstgebauter Kelter wurde dann ein Zuckerrübensaft gewonnen, der als Zuckerersatz genutzt wurde.

Aber einige Bauern kauften auch eine geringe Menge Birnen, die nicht so teuer waren und fügten diese der Latwerge bei.

Weiter kochen und immer wieder rühren! Das Kochen der Latwerge war für die Landfrauen Schwerarbeit und daneben mussten die allgemeinen häuslichen Arbeiten erledigt werden.

In Steintöpfe gefüllt, war die Latwerge ein Vorrat für das ganze Jahr.

Gut verschlossen, wurden die Töpfe mit dem Datum der Herstellung versehen. Wenn die Ernte in einem Jahr besonders gut war, wurde auch schon mal eine zweite Herstellung in Angriff genommen.

Der Genuss dieser köstlichen Zwetschgen-marmelade war unübertrefflich.

Ein Spruch war von den Frauen oft zu hören, wenn sie über viele Stunden am Kessel standen und nach getaner Arbeit die lange Reihe der irdenen Töpfe mit Latwerge füllten:

Mer esse Birn,
mer drinke Birn –
mer ho aach Birn
uffs Brot ze schmirn.
Vivat Latwerge.

Schon aus dem Jahr 1574 ist überliefert:

„Das ist ein linderndt, sänftigendt und kühlendt Latwerg von den Pflaumen."

Monat Oktober

Das ist ein bunter Monat. Der Monat, der das Auge und die Seele mit Farben verwöhnt.
Außerdem waren das Erntedankfest, die Kirmes und die Eheanbahnung in dem Monat ganz wichtige Ereignisse. Wobei das mit der Eheanbahnung mehr dem Rätselraten und der Gerüchteküche zuzuordnen war.

Das Erntedankfest feiert die christliche Kirche am ersten Sonntag im Oktober. Alle Jahre wieder waren an dem Tag vielerorts die Altäre reich geschmückt.
Aber weniger mit Blumen, sondern mit Gemüse, Obst und Getreideähren, sowie allerlei aus dem Garten, was er in den letzten Wochen so alles hervorgebracht hat. Mit diesem Brauch danken wir Gott für die Ernte des Jahres.

Eine ganz besondere Tradition zu Erntedank konnte im Dom zu Unterreichenbach bestaunt werden. Da der Altar genau in der Mitte des Doms steht, was einmalig in der Region ist, wurden in allen vier Ecken verschiedene Getreidegarben aufgestellt. Hafer, Roggen, Weizen und Gerste. Die Grundelemente für das in einem großen Korb präsentierte frisch gebackene Brot.
Wenn der Mensch Gott als den guten Schöpfer des Himmels und der Erde bekennt, so kommt beim Erntedankfest der Dank an Gott zum Ausdruck, wenn die Früchte des Feldes und der menschlichen Arbeit Gott dargebracht werden.

Wir pflügen und wir streuen – doch Wachstum und Gedeihen, das steht nicht unserer Hand.

So ist es – und deshalb feiern wir in jedem Jahr und sagen Gott Dank.

Nach dem Erntedank kommt die für alle größte Festlichkeit des Jahres – die Kirmes. Sie fand immer am dritten Sonntag des Monats statt und dauerte bis zum Montag. Dabei war in der Regel das ganze Dorf auf den Beinen. Das traditionelle Festessen an den Tagen bestand aus Suppe, Braten, Gemüse, Kartoffeln und Salat.

Sonntagnachmittag war im Saal der dörflichen Gaststätte Kirmestanz, bei dem die Mädchen ihre neuen „Kirbkleider" trugen. Für die Burschen ein spannender Moment, wenn eine Angebetete sich in neuer Kleidung präsentierte und ungewohnt hübsch daher kam. Das trieb den Puls in die Höhe.

Nachts um 24 Uhr ging's heim zum Kaffeetrinken. Da gab es den Hefekuchen und den in Eisenformen gebackenen Rührkuchen. Die wurden vorher im Backhaus gebacken. Danach ging es wieder zum Tanz in die Gaststätte.

Tanzte ein Bursche nur noch mit einem und demselben Mädchen, bahnte sich gewöhnlich etwas an.

Eine besondere Tradition war das „Streuen". Wurde es nämlich offiziell, dass ein Mädchen und ihr Bursch eine ernsthafte Verbindung eingingen, wurde eine Spur aus Sägemehl zwischen den Häusern der beiden gestreut, als Beweis dass sie zusammen gehören. Wenn die Verbindung allerdings auseinander ging, wurde Sand gestreut.

Der Dorfklatsch erhielt jedenfalls in beiden Fällen neue Nahrung.

Nicht selten entstand aus dem langen Kirmestanz eine Ehe, die in der Gerüchteküche schon längst abgemachte Sache war.

**„Oktoberhimmel voller Sterne,
haben warme Öfen gerne.“**

***

Kraut einschneiden für Sauerkraut

Das war die Zeit, in der die Frauen die Zeit hatten, ein bisschen über die Ereignisse im Dorf zu reden. Man könnte die Zeit auch als „Dorfklatsch-Runde“ bezeichnen, denn beim Einschneiden des Krauts kamen oft viele Nachbarinnen zusammen. Eine recht anstrengende Tätigkeit, aber zum Tratschen war es eine gute Gelegenheit.

Da konnte man ganz getrost die vier „K“ der Weibsleut anwenden, die da heißen: Keche, Kinn, Kirche, Kieh (Küche, Kinder, Kirche und Kühe).

Es wurde dann über die Neuigkeiten im Dorf, das eine oder andere „Skandälchen“ und die Kinder, über die es immer etwas zu berichten gab, getratscht. Und irgendwie ging die schwere Arbeit dabei leichter von der Hand.

Das Weißkraut hatte die größte Bedeutung im bäuerlichen Haushalt, denn es ist vielseitig einsetzbar.

Als „Einschneidekraut" war es dringend notwendig. Die Arbeit passierte gewöhnlich abends an einem Wochentag.

Die Nachbarinnen kamen mit ihren an der Steintreppe gewetzten Messern und halfen beim Ausputzen und Schneiden des Krauts.

Gewöhnlich saßen die Frauen um einen großen länglichen Weidekorb und schnitten mit dem Messer das Kraut, das in die Schürzen fiel und von dort, wie in einer Rinne, in den Korb gleitete.

Schnell war ein Korb voll mit geschnittenem Kraut. Helfer kamen, tauschten die vollen Körbe aus. Sie wurden in den Keller gebracht, und das Kraut in ein Fass geschichtet.

Der Strunk von den schönsten Krautköpfen wurde zur Seite gelegt, über Winter in Erde einge-schlagen. Die ausgewachsenen Triebe wurden dann im Frühjahr ins Beet gepflanzt. Aus den Pflanzen wurde der Samen fürs nächste Jahr gezogen.

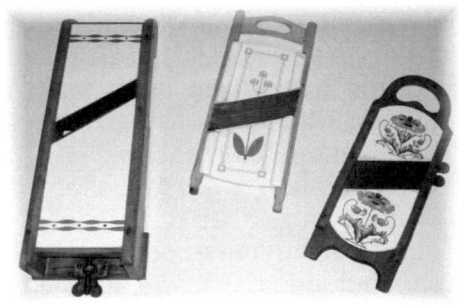

Eine Krauthobel-Auswahl aus der Produktion der Wächtersbacher Keramik

91

Für das Einlagern des Krauts wurden die Zutaten vorher bereitgestellt. Das Krautfass, der Stampfer, Salz und Gewürze.

Ein Leinentuch zum Abdecken (gegen die Mäuse), das Abdeckbrett und ein schwerer Stein. Die Arbeit beginnt allerdings schon einige Tage vorher, denn da muss das Holzfass mit Walnussblättern heiß gebrüht, danach frisch mit kochendem Wasser ausgespült werden.

Anschließend wird das Fass mit Kohlblättern am Boden ausgelegt. Nun schichtet man etwa eine Hand breit Kohl, Salz und die Geschmackszutaten abwechselnd ein. Die Schichten werden solange gestampft, bis sich ein Saft bildet und die Schicht bedeckt.

Ist das Fass soweit gefüllt, wie man braucht, werden frische Krautblätter obenauf gelegt, bedeckt das Kraut mit einem Tuch und legt das Holzbrett drauf. Das alles wird mit einem schweren Stein beschwert. Nun kann der Kohl vergären. Ganz besonderen Geschmack gibt es, wenn zwischen den Kohl noch Wacholder-Beeren, Kümmel und ein Apfel gelegt werden.

Das Fass muss natürlich auch noch abgedeckt werden, denn Mäuse sollten zu der werdenden Köstlichkeit keinen Zutritt haben.

War die Arbeit getan, wurde frischer Blechkuchen serviert und es gab Kaffee dazu.

Dabei wurden nicht selten schon die Rezepte für die Sauerkrautgerichte ausgetauscht oder etwas Neues überlegt.

Nach etwa 10 bis 14 Tagen war das Sauerkraut fertig und konnte gegessen werden.

Nach jeder Entnahme, mindestens aber alle acht Tage, mussten der Stein, das Brett und das Tuch abgewaschen werden, wie auch die Fassinnenseiten.

Wenn nun Sauerkraut entnommen wurde, musste es immer schichtweise geschehen, um keine Vertiefungen zu hinterlassen.

Viele Speisen sind, ohne das wohlschmeckende Sauerkraut, in unserer Region nicht denkbar.

Dämpfkolonne

Waren die Frauen mit dem Kraut beschäftigt, gab es für einige Männer im Spätherbst noch andere Arbeit. In Unterreichenbach wurde nämlich eine Dämpfkolonne geführt.

Die Bauern bestellten sie zum Garen der Futterkartoffeln, die dann in Silos eingestampft wurden. Durch Einsäuerung wurden sie haltbar gemacht und konnten bis zur nächsten Ernte an das Vieh, vornehmlich Schweine, verfüttert werden. In mehreren Orten wurde die Kolonne gebraucht und hielt die Männer der Dämpfkolonne bis in den Januar hinein beschäftigt.

In entlegenen Bauernhöfen wurde dabei übernachtet, da der Dampfkessel bereits um fünf Uhr am Morgen angeheizt werden musste.

Die Bäuerinnen wärmten dann, in den nicht beheizten Zimmern, die Betten für die Männer der Kolonne an.

Dazu nahmen sie in Leinentücher eingewickelte frischgebackene Brotlaibe oder im Backofen aufgeheizte Ziegelsteine.

Das „Nationalgericht"

Beutelches, das Gericht, das glänzende Augen macht. Es besteht aus drei Pfund rohen, geriebenen Kartoffeln – einem Pfund gekochten Kartoffeln und einer Stange kleingeschnittener Lauch. Dazu ein ¾ Pfund gewürfeltes Solberfleisch, Salz und Pfeffer.
Die gut vermischte Masse kommt in ein Beutelchen aus Leinen und muss zugebunden eine Stunde in Salzwasser gekocht werden.
Inhalt auf den Teller, braune Zwiebelsoße zugeben. Mancherorts gibt es noch Brot und Schmand dazu.

Man erzählt sich dazu die Geschichte, dass einer Frau der Leinenstoff ausging. Sie nahm einen karierten Stoffrest, den abgetrennten Ärmel vom Hemd des Vaters.
Als ihre Tochter in den Kochtopf sah und das karierte Beutelches erblickte, sagte sie entrüstet:

„Aus'm Obba seim Hemb ess eich naut."

Es gibt kaum ein Fest in der Region, bei dem nicht das Gericht Beutelches serviert wird. Das allerdings nur im Herbst.

94

Monat November

Manchmal war der Monat noch Herbst, dann wieder brachte er Frost und Schnee. Es war die Vorwinterzeit. Und die Zeit, in der zwei kirchliche Feiertage fielen. Einer davon war der Buß- und Bettag. Ein staatlich-kirchlicher, ganz normaler Feiertag, immer eine Woche vor dem Totensonntag. Am Totensonntag galt es der Verstorbenen zu gedenken.
An dem Tag waren alle im Dorf auf den Beinen. Gleichzeitig wurden die Gräber winterfest gemacht und mit Fichtenreiser abgedeckt.
Frische Blumen waren zu der Jahreszeit natürlich keine mehr zu bekommen.
Also wurden Papierrosen in weiß gebastelt und die Reiser damit geschmückt. Lange hielten die natürlich nicht, und so waren die später aufgekommenen Wachsrosen, in weiß und gelb, etwas haltbarer und eine willkommene Alternative.

Das Bild der Friedhöfe wandelte sich im Laufe der Zeit enorm, denn die teils recht einfachen Kreuze aus Schmiedeeisen wurden mehr und mehr durch wuchtige Grabsteine ersetzt. Einer wuchtiger als der andere.
Wie wenn es bei den Verstorbenen um unterschiedliche Gesellschaftsschichten ginge. Eigentlich sind vor Gott doch alle gleich.

**„Wenn's an Allerheiligen schneit,
lege deinen Pelz bereit."**

***

95

Häusliches Schlachtfest

Das Schlachten als Fest zu bezeichnen, kann nur einer erfunden haben, der ausschließlich die angenehmen Seiten einer solch schweißtreibenden Tätigkeit kennt.
Der Metzger und die Helfer, und auch das arme Schwein, haben dabei ganz andere Gedanken.

Manchmal war die Jagd nach dem entwischten Schwein - das ahnte nämlich, was da im Anmarsch ist - ziemlich aufregend.
Für das Schwein waren die gewetzten Messer, der brodelnde und dampfende Wasserkessel, und schließlich die schwere Axt in der Hand des Metzgers, böse Anzeichen für das nahende Ende.
Die hilflosen Schreie des Tieres, die der Metzger ertragen musste, wenn er zum entscheidenden Hieb ansetzte, waren auch nicht ohne.

Trotzdem war es, und ist es auch gelegentlich noch heute, ein interessanter Brauch, denn Hausschlachtungen waren üblich, trotz der Schinderei. Eben ein Fest, was schließlich alle so nannten, wenn es an die Teller ging. Vor allem gab es dann den ersehnten Stechbraten.
Da hatten sich am Abend die gesamte Verwandtschaft und die Nachbarschaft eingefunden, wenn es los ging und die verschiedenen Gänge ihren Lauf nahmen.
Da wurde dem armen Schwein gehuldigt, was es doch für ein tolles Tier war und gut genährt obendrein.

Auf die „Wurschtsoppe" mit Einlage folgte gewöhnlich Sauerkraut mit Erbsenbrei, die Salzkartoffeln mit frischem Wellfleisch und Meerrettichsoße. Da regierte für kurze Zeit, vor lauter Begeisterung, am großen Esstisch die Stille. Anschließend war das große Mundabputzen und Augenrollen angesagt.

Die meisten Familien pflegten noch den alten Brauch, den Butz* auf den Tisch zu bringen.
Das war etwas Besonderes, denn der Rest aus dem Wursttrog kam zum Einsatz. Der wurde nämlich ausgeputzt, was den Namen dieses Gerichts erklärt und bestand meist aus Resten der Wurstherstellung.
Wenn nämlich im Wursttrog die Blut-, die Leberwurst und der Schwartemagen hergestellt wurde, musste der Trog auch gereinigt werden.
Nach jeder Wurstsorte musste dies geschehen, denn sie durften nicht miteinander vermischt werden.
Aus der Füllmaschine kamen schließlich alle Reste jeder Wurstsorte in einer irdenen Schüssel zusammen. Diesen Mischmasch nannten sie den Butz.

Die Hausfrau briet Zwiebeln an, gab den Butz dazu, füllte es mit frischem Blut und Brühe auf, würzte es und ließ es aufkochen.
Ein aufgeweichtes Brötchen, aber auch ange-röstetes Brot, wurde zum Andicken dazugegeben und fertig war die Köstlichkeit. Sie durfte eigentlich bei keinem Schlachtfest fehlen, war aber nicht jedermanns Geschmack.

Soweit die angenehmen Seiten der häuslichen Schlachtung. Den Rest der „Wurschtsoppe" und kleine Blutwürste bekamen am nächsten Tag die Kinder und die Verwandtschaft.

Der Spaß kam nach den Hausschlachtungen natürlich nicht zu kurz, denn ganz mutige Schüler machten an den Schweineschwänzchen eine Sicherheitsnadel fest und befestigten es dem Lehrer in der Schule unbemerkt an sein Jackett.

Aber um Feste zu feiern, muss erst mal feste gearbeitet werden. Große Vorbereitungen waren Kartoffeln und Zwiebeln einlagern, Meerrettich ausgraben und im Keller einschlagen und getrockneter Majoran und Knoblauch. Unerlässliche Zutaten für ein Schlachtfest.

Vor dem Fest gab es bereits genug Arbeit, und nach dem Fest gab es kein Ausruhen, denn die Zubereitung und Einlagerung von Wurst und Fleisch musste erfolgen.

Schweinedärme wurden geputzt, gefüllt und gekocht, damit genügend Wurst auf den Tisch kommen konnte. Es wurde auch in Dosen gefüllt und eingekocht.

Der Schweinemagen, der größte Behälter für die Wurstmasse, wurde gut gefüllt, ca. zwei Stunden gekocht und anschließend gut beschwert, damit die beim Kochen entstandene Luftblase während der Erkaltung des Schwartemagens ausgedrückt wurde. Dies verhinderte später ein Grauwerden der Wurstmasse.

Am nächsten Tag kamen die gefüllten Mägen und Därme in den Räucherofen, der sich, eingemauert im Schornstein, auf dem Dachboden befand.

So erging es nicht nur dem Schwartemagen, nebenbei Presskopf genannt, sondern auch dem Schinken, dem Bauchfleisch und dem Speck, die allerdings vorher erst sechs Wochen in Salzlake in einem Holzfass eingelegt wurden. Das Pökelsalz als Zusatz verhinderte, dass das Fleisch seine rötliche Farbe verlor.

Dazu gehörten auch die Knochen und Rippchenstücke, die man später als Geschmacksverstärker für Eintöpfe brauchte.

Getrocknet und mit Buchenholzspänen ging's ab zum Räuchern. Eine besondere Spezialität im Vogelsberg war auch die Kartoffelwurst, die nicht fehlen durfte. Dabei wurden der Wurstmasse gekochte Kartoffeln vom Vortag beigemengt, um die Wurst zu verlängern, also mehr Masse zu haben. Heute wird es als Delikatesse betrachtet.

Eine wichtige Sache war auch die Herstellung von Schweineschmalz, das vielerlei Verwendung fand. Als Bratfett und aufs Brot geschmiert, war es Bestandteil der Versorgung.

Die zur Gewinnung verwendeten Flomen* sitzen auf den Rippen und der Lende, aber auch die Nieren des Schweins sind darin eingebettet. Von Vorteil ist es, das Fett gleich am Schlachttag oder am nächsten Tag auszulassen.

Vor dem Auslassen legt man es mehrere Stunden in kaltes Wasser, um das Blut heraus zu ziehen, was das Fett haltbarer macht. Das Wasser muss öfter gewechselt werden.

Das gewässerte Fett wird dann in Würfel geschnitten und durch den Fleischwolf gedreht. Danach wird es in einem Topf langsam ausgekocht.

Wenn die rückständigen Grieben gelb werden und das Fett klar erscheint, ist es ausgelassen und wird durch ein Sieb in einen angewärmten Steintopf geseiht. Der kalte Topf wird zugedeckt und kühl gestellt.

Die Grieben werden ausgepresst und das Fett wird dann zuerst verwendet. Die ausgepressten Grieben verwendet man noch für Bratkartoffeln oder zum Abschmälzen von Kartoffel- und Gemüsesuppe.

Aber die Grieben kann man auch mit Pfeffer und Salz gewürzt zu Pellkartoffeln oder Brot essen. Auch unter die Blutwurst können sie gemischt werden. Auch als Fettersatz, fein gewiegt im Hefeteig, sind sie verwendbar.

Nichts wird beim Schlachten einfach so weggeworfen.

So war die Familie nicht nur für die lange Winterzeit versorgt, sondern das ganze Jahr über.

Schlachtfeste waren auch eine gern gesehene Abwechslung im mühevollen Alltag.

Und was die Tradition der Hausschlachtung eigentlich noch alles zu bieten hatte, dafür möchte ich einige Beispiele anführen.

Schon der Satz: „Nun kommt die kalte Winterzeit, da wird geschlacht', ist das eine Freud'!", macht Lust auf „Wurschtsoppe" und dampfendes warmes Wellfleisch.

Der Stechbraten, von dem die Rede ist, war das Wellfleisch, das mit Bratkartoffeln und rote Beete serviert wurde. Diese Art des Servierens war aber nur in Radmühl gebräuchlich.

Für die Kinder war Schlachten ein großes Ereignis, denn es fanden sich immer viele Gäste ein, die man sonst nur selten zu Gesicht bekam. Es gab viel zu erzählen und Neuigkeiten machten die Runde.

Traditioneller Brauch waren die Nachbarskinder, die, als „Fleischmännchen" verkleidet, ein Sprüchlein aufsagten: „Ich hab gehört, ihr hätt' geschlacht und recht lange Würst' gemacht. Gebt uns eine von den langen, die kurzen lasst ihr hangen!"

Die mitgebrachten Gefäße wurden gefüllt und damit die Ehre der Hausfrau gefestigt. Dieser Brauch ist ebenfalls nur aus der Gegend um Radmühl bekannt. Das dies in Erinnerung geblieben ist, dazu haben wesentlich die Aufzeichnungen von Hilde Herchenröder aus Radmühl beigetragen.

Schwager Wilhelm bei der Arbeit

101

Die Schlachtfeste von damals unterscheiden sich wesentlich von den heutigen, aber das Gesellige und die traditionellen Speisen sind auch heute noch die Basis der Feste.
Viele Besucher lassen sich bei den Gelegenheiten den Gaumen kitzeln und genießen ein bisschen die Ursprünglichkeit der Hausschlachtungen.

Dort, wo es heute noch in den Familien stattfindet, die einen Hof besitzen, hat sich einiges aus der früheren Zeit erhalten und wird gepflegt. Zur Freude der Kinder und der Alten!

Eine Eigenart, die ihresgleichen sucht, ist meinem Schwager Wilhelm, unserem Metzger, zuzurechen. Nachdem er die Schlachtung beendet hatte, bekam er immer, noch zum Frühstück am selben Tag, das Schweinehirn zubereitet.
Gebraten und mit frischen Eiern, wie er es besonders liebte – aber außer ihm gab es da niemanden, der ihm diese Spezialität streitig machte.

Damals wie heute gab es immer auch die lieben Kleinen, die mit Warum-Fragen die hart arbeitenden Metzger und ihre Helfer nervten. Die wurden dann zum entfernten Nachbarn geschickt, um die „Worschtleiterchen" zu holen.
Das dauerte immer recht lang, bis sie dann enttäuscht wieder zurück waren und dann feststellen mussten, dass sich, weil es eben so lange dauerte, der Metzger sich schon anders geholfen hatte.

Verbotenes Fleisch

Ute, die bei uns zu Gast war, als wir ein Schlachtfest hatten, kam mit mir ins Gespräch. Die Schlachterei und die damit verbundenen Traditionen waren spannend, denn sie unterschieden sich in einigen Bereichen.

Da wir viel Spaß hatten, musste sie mir aber eine Geschichte erzählen, die den Spaß ins Gegenteil verkehrte.

Auch in Kriegszeiten wurde gelegentlich im Haus geschlachtet, wenn auch verboten und unter Strafe gestellt.

Alles hätte so wunderbar sein können. Trotz Krieg und entbehrungsreicher Zeiten, wäre es ein richtiges Fest geworden, hätte nicht eine strenge Verordnung der Sache geschadet.

Das Sprichwort „Unrecht Gut gedeihet nicht", hat sicherlich in vielen Bereichen des Lebens seine Berechtigung. Aber es gab Zeiten und Situationen, und es gibt sie bestimmt noch heute, da verlieren solche Begriffe in der Not ihre Gültigkeit.

So war es auch im Kriegswinter 1943. Die Ernährungslage wurde im ganzen Land immer dramatischer. Besonders hart traf es dabei die Menschen in den Großstädten, zu denen Ute zu der Zeit auch gehörte. Vorübergehend waren sie und ihre Mutter mit Utes kleinem Kind in Berlin. Sie fragte sich rückblickend, wie sie diese schlimme Zeit, mit der schlechten Versorgungslage und den ständigen Bombenalarmen, überhaupt durchstehen konnte.

Ein Onkel von ihr, der im Sudetenland lebte und dort eine schöne Gärtnerei betrieb, schickte ihr einen Brief nach Berlin. Darin bat er sie, ihn unbedingt zu besuchen. Er legte sogar genau den Tag fest, an dem sie kommen sollte. In der Kriegssituation war das ziemlich eigenartig, denn niemand konnte genau vorhersagen, ob und wann er irgendwo ankommen würde. Da sie nicht dienstverpflichtet war, wegen ihres Kleinkindes, machte sie sich auf den Weg nach Ullersdorf im Sudetenland.

Sie kam auch an, allerdings mit der im Krieg üblichen Verspätung.

Bei ihrem Eintreffen stellte sie fest, dass eine gewisse Spannung bei Onkel und Tante vorhanden war. Die allgemeine Nervosität war nicht zu übersehen. Fragen wagte Ute aber nicht zu stellen. Als am Abend des gleichen Tages noch einige Bekannte zu Besuch kamen, wurde es etwas hektisch und alles lief ziemlich geheimnisvoll ab. Alle Leute wirkten verkrampft, irgendwie ängstlich. Am auffallendsten war es bei der Tante.

Plötzlich packten alle einige Gerätschaften zusammen, und sie liefen, wortlos und schnellen Schrittes, über den Hof in einen Schuppen. Dann war auf einmal ein schönes rundes dickes fettes Schwein da.

Es sollte bei einer „Schwarzschlachtung" sein Leben lassen. Bei dem Gedanken lief einem der Speichel im Mund zusammen.

Aber gleichzeitig lief auch etwas Gänsehaut über den Rücken, denn es war verboten, einfach etwas zu schlachten.

Menschen der damaligen Generation, die solches miterlebt haben wissen, was darauf stand, wenn man erwischt wurde. Nun verstand Ute auch die Nervosität der Verwandten und der Bekannten.

Ein großes Problem war das Schwein selbst, denn es durfte keinen Laut von sich geben. In der schweren Zeit lauerten hinter jeder Ecke Neider und folge dessen auch Verräter.
Wer Schweine kennt, weiß, dass sie sich lautstark bemerkbar machen, wenn etwas geschieht mit ihnen. Alle wussten, dass sie sehr sensibel sind und ihren Tod ahnen. Aber es musste geschehen – nur wie, war die Frage.
Da der Freund des Onkels Drogist war, kam er auf die Idee, das Schwein zu narkotisieren. Der Entschluss stand schnell fest, denn es gab keine Alternative.
Er besorgte Äther, ein Tuch und dies drückte er dem Schwein auf den Rüssel. Ohne den geringsten Grunzer, das erschreckte alle Beteiligten richtig, fiel das Schwein einfach um.
Dann ging alles rasend schnell. Es wurde geschnitten, geschabt, durchgedreht und gewurstelt. Die notwendigen Arbeiten gingen zügig voran.
Ab und zu wurden Witzchen gemacht und man musste aufpassen, nicht zu laut zu werden. Lachen war schon eine verräterische Situation.
Mit Augenzwinkern, zulächeln und fragen nach bestimmten Dingen, still mit Händen und Füßen, machte die Arbeit erträglich und alles lief ab wie am Schnürchen, denn jeder kannte dies aus anderen Zeiten und wusste, was er zu tun hatte.

Aber die Nervosität war noch immer vorhanden, auch wenn hier und da zwischendurch ein aufmunterndes Zunicken als Ersatz für Unterhaltung herhalten musste.

Die Wurst wurde gekocht und die Vorfreude auf die erste Blut- oder Leberwurst war riesengroß. Die Schlachtplatte, nach getaner Arbeit bei Hausschlachtungen üblich, sollte den krönenden Abschluss einer gelungenen Arbeit bilden.

Ute konnte sich noch genau an die Gesichter und die Sekunden der absoluten Stille erinnern, die gespenstischer war, als die Nervosität vor der Schlachtung. Es war schrecklich, denn das Fleisch war ungenießbar, alles schmeckte nach Äther. All die Arbeit und die Aufregung waren für die Katz!

Der Metzger, ein durchaus fähiger und gelernter Mann, hatte im Stress vergessen, wie übrigens alle anderen auch, das Schwein ausbluten zu lassen. Das Ergebnis war für alle Beteiligten ein harter Schlag. Irgendwie haben es alle verkraftet und überstanden, aber Utes Onkel, der sowieso zum Jähzorn neigte, drehte damals fast durch.

Die Vernichtung des ungenießbaren Fleischs hatte Ute aber nicht mehr miterlebt.

„Das musste sicher genauso still und heimlich erfolgt sein, wie die Schlachtung selbst. Vielleicht war das sogar die anstrengendere Arbeit" meinte Ute abschließend.

Hochzeit im Dorf

Wir hatten eine schöne Jugend, wenn es auch fast nichts gab.

Und wenn es noch so abgedroschen klingt, war Respekt und gutes Benehmen groß geschrieben. Die Lehrer brachten uns bei, jeden Fremden oder älteren Menschen höflich zu grüßen, wenn man ihnen auf der Straße begegnet. Das war selbstverständlich.

Ebenso selbstverständlich war es, dass sich Liebespärchen heimlich trafen, zwischen den Häusern und in kleinen Gässchen. Und besonders am Zwenger war's „schee dunkel". Also fanden sich irgendwann die zusammen, die zusammen gehörten.

Die Hochzeit war ein ganz besonderes Ereignis. Aber es war keine Überraschung, nicht wie die Geburt oder etwa der Tod, die sich beide ankündigten, wenn kaum jemand damit rechnete.

Das heißt, es durfte nicht zu Zeiten geheiratet werden, wenn auf dem Feld und im Stall die meiste Arbeit anfiel.

Da war es ganz klar, dass die Eltern dem Wunsch der Tochter oder des Sohnes mit den Worten begegneten: „Nix dagegen, aber erst im Herbst, wenn die Arbeit getan ist!" Widerspruch war zwecklos und trug auch wenig zum häuslichen Frieden bei!

Hochzeiten waren eine große Kraftanstrengung für die Familien, aber auch eine freudige Veranstaltung. Denn fast alles wurde gemeinsam, auch mit den Nachbarn, vorbereitet.

Die große Feier für das junge Paar Karl und Margarete
Kneip in Unterreichenbach am 15.12.1921

Es wurde auch extra für das Fest geschlachtet und aus dem Fleisch wurden ausschließlich Würstchen hergestellt.

Zwei bis drei Stuben wurden ausgeräumt, Tische und Bänke aufgestellt und die Haustür mit Fichtenreiser und Papierrosen geschmückt.
Die Nachbarinnen halfen Kuchen backen, kochten Kaffee und bereiteten das Abendessen am Hochzeitstag. Eine Stube wurde nur mit Regalen versehen, auf denen die großen Kuchenbleche und die Rührkuchen gelagert wurden.

An Torten hatte da noch niemand gedacht, die gab es erst ab den 50er Jahren.

Es wurde ausgelassen gefeiert, gegessen, getrunken und getanzt bis in den frühen Morgen.

Über ein Missgeschick bei einer solchen Feier kann ich folgendes berichten:

Einer Aushilfe von auswärts widerfuhr, als sie die Gesellschaft bediente, dass sie beim Weineinschenken das Glas eines Gastes umstieß.

Verärgert wendete sich der Gast an sie und fragte: „Ist das bei ihnen Zuhause so üblich?"

„Nee, mein Herr, oawwer wann's passiert, freegt kern Mensch denooch!"

Später am Hochzeitsabend brachten die jungen Leute aus dem Dorf dem jungen Paar ein Ständchen. Dabei durften die damaligen Gassenhauer wie, „Schön ist die Jugend" und „Als ich dich zum ersten Mal erblickte", nicht fehlen.

Zu Hochzeiten und Konfirmationen brachte man zur Unterstützung Milch, Butter und Eier, später auch Kaffee. Im Gegenzug bekamen die Nachbarn wieder Kuchen nach der Festlichkeit gebracht. Diese Verhaltensregeln beweisen die gegenseitige Hilfe in allen Lebenslagen, die so selbstverständlich waren wie das „Amen in der Kirche". Ganz besonders erinnere ich mich natürlich an meine eigene spätere Heirat, als diese Werte noch immer galten.

Und in dem Zusammenhang gibt es noch einiges zu erzählen, was man bei all den schönen Feierlichkeiten vergisst.

Für die Mädchen, die mit ganz bestimmten Vorstellungen in die Zukunftsplanung gingen, hieß das schon sehr früh, dass sie nichts zu lernen brauchten, denn „sie heiraten ja doch".

Bauerntöchter wurden als voll einsetzbare Arbeitskräfte gebraucht. So hatte ein Mädchen aus einer Arbeiter- oder Kleinbauernfamilie nur die Möglichkeit, als Magd oder Dienstbote in der Stadt eine Stellung zu finden. Es gab einen 18-Stunden Tag, wenig Lohn und der wurde noch für die Aussteuer gespart.

Freizeit gab es keine, dafür demütigende Behandlung, inklusive der Zudringlichkeiten der männlichen Herrschaft.

Erzählen und Spielen

Zu den ganz wichtigen Dingen in meinem Leben gehören die Erinnerungen an die ersten Jahre, bis ich dann in die Schule musste.

Spannung und Spaß waren für uns keine Fremdwörter, nur spielte sich diese Art der Unterhaltung anders ab als heute. Manchmal bedauere ich, dass in den Familien kaum mehr Zeit bleibt, den Kindern etwas zu bieten, wo man als Elternteil noch Beteiligter ist.

Auch die Omas und Opas sind davon nicht ausgenommen. Die Zeiten haben sich da gewaltig geändert, ob zum Vor- oder Nachteil, soll hier nicht beleuchtet werden.

Aber verschiedene Begebenheiten möchte ich, zum Vergleich und als Gegenüberstellung, aus der Erinnerung schon erzählen.

Vieles ist mir auch überliefert worden, was aber der Aktualität nicht schadet.

Onkel Heinrich erzählte den Kindern immer vor dem Schlafengehen Geschichten. Später las er ihnen auch schon etwas aus den Schulbüchern vor.
Wie auch immer, es war stets spannend. Vor allem fesselte die Kinder der Schinderhannes, der den Reichen etwas wegnahm und es den Armen gab.
Da hegten die Kinder sogar Gedanken, dass er doch mal in ihrer Gegend...., aber darüber sind sie meist eingeschlafen.
Das Spielzeug wurde an einem der beliebtesten Plätze hergestellt. Der Vater bastelte die nämlich alle selbst in seiner Werkstatt.
Und diese Werkstatt war zwar ein etwas gefährlicher, aber doch sehr beliebter Spielplatz, auf dem sich auch Nachbarskinder einfanden.
Denn im Spätherbst und Winter, in der arbeitsärmeren Zeit, war es in der Werkstatt warm und es wurde Spielzeug hergestellt. Da wurde gesägt, gehämmert, geschraubt und geleimt, bis Bauklötze, Kaufläden, Tierfiguren für den Bauernhof, Schaukelpferde, Wagen mit Holz-rädern und vieles mehr entstanden.

Was die Spielplätze der damaligen Jugend betraf, gab es einen Favoriten - den Heuboden. Während der Wintermonate ein nicht verzichtbarer Platz.
Der Weg dorthin, musste über eine drei Meter hohe Leiter bewältigt werden. Dann war man direkt über Kuh- und Pferdestall.

Höhlen, von den Kindern ins Heu gebaut, waren manchmal viele Meter lang und waren ein sicheres Versteck, wenn sie zur Arbeit gerufen wurden. Natürlich wussten die Eltern und Großeltern, wo sie ihren arbeitsunwilligen Nachwuchs finden konnten.

Aber für eine Weile waren sie immer sicher vor Entdeckung. Wenn sie dann aus irgendeiner Ecke auftauchten, genossen sie immer die erstaunten Gesichter der Erwachsenen, die ihr Geheimnis wohl nicht aufdecken konnten.

Dann mussten sie Holz ins Haus holen und andere unangenehmen Dinge erledigen. Ganz unangenehm waren die Schulaufgaben, die von älteren Geschwistern überwacht wurden.

Wenn der einzige beheizte Raum belegt war, was schon mal vorkam, wurden die Hausaufgaben eben auf dem Melkschemel im Kuhstall gemacht. Da war es auch immer schön warm.

In der arbeitsreichen Zeit, im Frühjahr und Sommer, waren die Schulaufgaben Nebensache, denn die Lehrer wussten, dass jede Hand in der Landwirtschaft gebraucht wurde.

Da kam es bei den Kindern aufs Gleiche raus, ob sie sich bei ungeliebten Schulaufgaben oder bei der Landwirtschaft anstrengten.

In den Schulferien waren sie den ganzen Tag als Arbeitskräfte eingeplant. Im Frühjahr bei der Aussaat, dann bei der Heuernte, danach bei der Getreide-, bei der Kartoffel- und Rübenernte.

Aber trotzdem kam der Spaß nicht zu kurz.

*Sara Mohr zeigt, dass damals wie heute das
Stelzenlaufen eine schöne Freizeitbeschäftigung
gewesen ist*

Im Herbst zogen alle an den Nachmittagen durchs
Dorf, spielten Fangen und Verstecken, wofür sich
die Scheunen und Hallen besonders gut eigneten.
Stelzenlaufen,   Murmelspiele   und   Seilhüpfen
waren beliebte Vergnügungen. Und alle Straßen
waren damals Spielstraßen.

WINTER

Monat Dezember

Der Monat der Beschaulichkeit und der Ruhe, stimmungsvollen Abenden mit Bratäpfeln aus dem Backofen. Aber das galt nicht so für alle, denn die Frauen und Männer hatten eifrig zu tun.
Mit dem Dezember begann auch die Adventszeit und die war gewöhnlich mit Vorbereitungen für das große Fest angefüllt.
Für die Kinder war es eine spannende Zeit, weil alles so geheimnisvoll vonstatten ging. Spannung auch deshalb, weil man nicht wusste, ob die Wünsche vom Christkind auch erfüllt werden konnten.
Die Eltern waren eingespannt mit der Herstellung von Spielsachen, wie Puppen, Schaukelpferden, Puppenwiegen und Stelzen, Kaufläden und Puppenküchen, sowie Bauernhöfen mit allem was dazu gehört.
Hochbetrieb gab es vor den Backhäusern zu der Zeit, denn die Plätzchenbackerei war angesagt. Aber vor diesen leckeren süßen Sachen wurde erst Brot gebacken, und was das für eine Arbeit ist, darüber berichtete ich bereits.

In großen Körben eilten die Frauen nach Hause, um die leckeren Plätzchen bis zum Heiligen Abend zu verstecken. Dann wehten die Düfte des frischen Backwerks durchs ganze Dorf.
Besonders beliebt waren die Butterplätzchen, Spritzgebäck und Lebkuchen – und die Absatzplätzchen.

Das sind Anisplätzchen. Ein aus Eiern, Zucker und Mehl schaumig geschlagener Teig wurde mit gestoßenem Anis verrührt. Kleine Teighäufchen kamen auf ein Backblech, die über Nacht trocknen mussten. Beim Backen setzten sie sich dann ab, oben hell und unten braun. Deshalb der Name Absatzplätzchen. Das war allerdings eine Kunst, sie herzustellen, und es gelang nicht immer.

Ganz traditionell gab es zu Weihnachten noch den Gänsebraten. Da in der Zeit der Selbstversorgung nichts verkommen durfte, wurden auch die Gänsefedern einer Verwendung zugeführt. Man brauchte sie für die Federbetten der Mädchen, denn die gehörten zur Aussteuer.

„Dezember ohne Schnee,
tut Bäum' und Feldern weh."

Die Spinnstube

Das war die Party zu Großmutters Jugendzeit schlechthin. Mädchen aller Altersgruppen schlossen sich zu Spinnstubengemeinschaften zusammen.

Bis in die 50er Jahre ging man den ganzen Winter über mal zu dem, mal zu dem. Und die Burschen leisteten dabei sogar Gesellschaft. Neben dem Summen der Spinnräder, erklangen frohe aber auch wehmütige Lieder.

„Schön ist die Jugend", „in einem kühlen Grunde", „An der Saale hellem Strande" und viele mehr.

Die Tochter des Hauses stellte einen Korb mit Äpfeln hin, es gab Kaffee und Kuchen. Der Dorfklatsch blühte und viele Sagen und Geschichten machte die Runde, die schon von Generation zu Generation weitergegeben wurden.

Oft bildete sich dabei um die Alten des Hauses ein lauschender Kreis.

Nachdem die Spinnräder an Bedeutung verloren, wurde eben gestrickt.

Zur Zeit der Spinnstuben wusste jeder Jugendliche, wie er die Winterabende verbringen konnte. Auch viele Partnerschaften hatten in den Spinnstuben ihren Ursprung.

Die Rolle als Gastgeber ging wöchentlich reihum. Jeder aus der Spinngemeinschaft war einmal dran. Angenehm war besonders, dass niemand verpflichtet war Geld in der Tasche zu haben.

Es „Kaffeemillje" und Stinkeele

Bei den Zusammenkünften der Nachbar-schaftshilfe gab es erst mal das obligate „Koppche Kaffee". Hergestellt aus gerösteter Gerste, die im „Kaffeemillje" fein gemahlen wurde.
Und zu essen gab's auch was, wie natürlich selbstgebackenen Kuchen, manchmal aber auch was vom Lebensmittelgeschäft „Hammersch". Egal was „uff de Tisch kam, es is alles gesse worn".

Bei „Hammersch" wurden Eier gegen vieles eingetauscht, wie Zucker, Gewürze, oder echten Bohnenkaffee. Abgewogen wurde es alles und in „Dodde" gefüllt. Nur die Salzheringe aus dem Fass bekamen eine andere Verpackung.

Ebenfalls aus dem Fass gab es Stinkeele (Petroleum), das vom Händler in extra kleine Behälter gefüllt wurde.

Das Stinkeele war für Lampen gedacht, die bei fehlender oder unterbrochener Stromversorgung Licht spenden mussten.

Das Öl für die Lampen sollte man aber nicht mit dem Stinköl verwechseln, das zur Abwehr von Mücken genutzt wurde. Geruchsmäßig war es trotzdem ziemlich ähnlich, deshalb auch die gleiche Bezeichnung.

Monat Januar

Der Monat war mit vielen Wünschen verbunden, denn in der Neujahrsnacht versprach man sich und anderen, dass es besser werden wird oder zumindest so weiter geht und keine Sorgen das beginnende Jahr trüben sollten.

Und zur Bestätigung und Wunschverstärkung wurde am Neujahrstag Sauerkraut gekocht. Das versprach für das kommende Jahr Geld – und wer verzichtet schon gerne darauf?

Aber an die nächste Obsternte dachte man auch.

An Silvester wurde deshalb von den Bauern ein aus Stroh gewundener Strick um den Stamm der Obstbäume gebunden. Das sollte eine gute Ernte im nächsten Jahr sichern.

**„Silvester hell und klar,
Glück auf zum neuen Jahr."**

Monat Februar

Schöner Vorfreudemonat, denn der Winter, manchmal hart und unerbittlich, hatte seinen Höhepunkt überschritten. Das hieß aber nicht, dass es noch viel Eis und Schnee geben konnte.
Denn eine Bauernweisheit sagt: Scheint an Lichtmess (2. Feb.) die Sonne heiß, kommt noch sehr viel Schnee und Eis!
Ungeachtet dessen, wurden die Tage spürbar länger. Man nannte dies allgemein einen „Giggelschritt"*.
Närrisch war der Februar schon zu alten Zeiten, denn in der Fastenzeit wurden am Faschingsdienstag in allen Häusern die „Kräppel" im „gesprengten" Öl gebacken, das aus dem Raps gewonnen wurde.

Oftmals haben die Mägde und Knechte zu der Zeit „gescherzt". Das heißt, sie waren einfach zu einem anderen Bauern in Dienst gegangen.
Kinder wurden mit Ruß schwarz bemalt und gingen von Haus zu Haus, um Kräppel, Eier und auch mal Bonbons zu sammeln.

Die Jugend klopfte abends an die Türen im Dorf und sammelte Eier und Speck.
In der Dorfgaststätte wurden die dann gebacken und frisches Brot dazu gegessen, getrunken und getanzt.

„Auf geht's zum Sammeln"

Das war aber noch nicht alles, denn wenn zum Frühjahr hin die Mistkaute leer gefahren war, gab es gebratene Eier mit Speck und Brot, dazu reichlich Schnaps. Man wusste eben die Feste zu feiern, wie sie fielen.

**„Viel Regen im Februar,
regnet es das ganze Jahr."**

Gäulsbauern

Nach den Festtagen kam im Januar die etwas ruhigere Zeit. Neben der Stall- und Hausarbeit waren die Rollen zwischen Männern und Frauen deutlich aufgeteilt.
Für die Männer hieß das, dass sie, wenn das Wetter es zuließ, draußen im Wald arbeiteten.
Es wurde Brennholz geschlagen, Buchenreisig als Backwelle* gebunden und trocken gestapelt.
An Tagen mit schlechtem Wetter wurden Reparaturen durchgeführt. Zu diesem Zweck ging man rechtzeitig in die Hecken, um geeignete Äste für Besen-, Rechen-, Schaufel- und Hackenstiele zu suchen.
Diese mussten dann zurechtgeschnitten werden.
In warmen Räumen wurde dann das Gäuls-geschirr geflickt, Körbe geflochten und Strohseile zum Garbenbinden für die nächste Ernte.
Auch Besen aus Reisern wurden hergestellt. Sie waren zum Kehren der großen Hofflächen sehr wichtig.
Die Mahnen wurden in unterschiedlichen Größen hergestellt. Große Futtermahnen, kleinere für die Kartoffelernte und für Ofenholz.
Auch Schuh- und Kleiderbürsten wurden aus Schweineborsten und Rosshaar gefertigt, Schuhe besohlt und genagelt.

Aber das war nicht alles, womit sich die Gäulsbauern ihre Zeit vertrieben. Im Winter wurden die Finanzen aufgebessert, indem sie als Holzfuhrleute tätig wurden. Eine schwere Arbeit für Mensch und Tier. Mancherorts hießen die Bauern auch „Hauderer".

Waldarbeiter aus dem fürstlichen Forst bei der Pause

Auf dem Heimweg nach getaner Arbeit

Sie fuhren das geschlagene Langholz mit den Gespannen aus den Wäldern in die Sägewerke, an die Verladestation der Bahn oder in die Keramikfabrik nach Schlierbach. Das „Rücken" der langen Stämme war, erst recht bei Regen und Schnee, eine gefährliche Arbeit.
Und wenn eines der Pferde nicht gerecht behandelt wurde oder gar bis an die Leistungsgrenze getrieben wurde, hieß so ein Gäulsbauer auch schnell „Gäulsschinner" (Pferdeschinder).

Wenn man an Schnee denkt, kommt auch die Schneeräumung in den Kopf.
Die Gäulsbauern waren auch da in ihrem Element. Es gab einen Räumschlitten, vorgespannt waren sechs starke Pferde.
Der Schlitten war mit einem Schneepflug aus Holz ausgestattet und in der Breite verstellbar.

So konnte er bei der Arbeit die ganze Straßenbreite einnehmen. Ein Mann saß auf dem Schneepflug, ein zweiter führte die Pferde.

Kam dem Räumschlitten mal ein Fahrzeug entgegen, wurde das Holzgestell auf die halbe Breite zusammengezogen.

Die Männer waren aber im Winter auch mit rein körperlicher Arbeit gefordert, denn oft musste die Bahnstrecke von Schnee befreit werden. Dafür waren starke Männer nötig, die mit Schaufel und Hacke kräftig zupacken konnten.

Die schneereichen Wintertage waren also keine Zeit, um sich großartig auszuruhen.

In den Betrieben waren für diese Zeit schwere Holzschlitten vorhanden, die von Wagnern und Stellmachern angefertigt wurden.

Das Vieh durfte auch an solchen Tagen natürlich nicht vergessen werden oder gar zu kurz kommen. Für sie wurde Stroh gehäckselt und Futterrüben ausgeputzt und gebrockelt.

Spreu und Häcksel wurden mit den gebrockelten Futterrüben gemischt, in die Mahnen gefüllt, zu den Kühen gebracht und in die Futterkrippen eingefüllt.

Besorgungen in anderen Orten waren an der Tagesordnung. Getreide wurde zur Mühle gebracht und für Reparaturen zum Sattler gefahren.

In der Zeit besuchten die Frauen Verwandte, wo sie sich zum Stricken trafen, denn untätige Frauenhände waren unvorstellbar.

Außerdem waren diese Ausfahrten auch eine notwendige und wichtige Bewegungstherapie für die Pferde.

Bei jedem Wetter und zu jeder Jahreszeit waren Fahrten möglich. Im Winter mit dem Schlitten

Stricken, Apfelwein und Gesang

Nicht nur mit dem Pferdeschlitten fuhr man zu den Verwandten. Frauen packten auch ihr Strickzeug zusammen und gingen über die verschneiten Felder. Alle saßen dann um den warmen Ofen, erzählten und strickten.
Dabei wurde auch Wolle bearbeitet, gesponnen und gehaspelt.
Für die Männer wurden Wämse (warme Wolljacken) gestrickt und vorn mit zwei Reihen Perlmuttknöpfen versehen.

Zum gesamten Sortiment der Handarbeiten zählten noch Strümpfe, Mützen, Schals und Handschuhe für die gesamte Familie.

Für die Kinder gab's Unterhosen, Unterröcke, Pullover, Jacken und Puppenkleider.

An die kommende Erntezeit wurde auch gedacht, denn Kartoffelsäcke wurden geflickt.

Aber nur Arbeiten war natürlich auch nicht das Gelbe vom Ei. Es wurde Kaffee getrunken und Wellkuchen (ein süßes Weißbrot) dabei gegessen, der mit Butter und Apfelgelee bestrichen wurde.

Stellte sich unversehens am Abend noch Besuch ein, wurde der erste Apfelwein kredenzt, der sich wohlverwahrt im Keller ausgegoren hatte. Nach dem reichlichen Genuss kam es vor, dass dem Jungvolk die ersten Tanzschritte beigebracht wurden. Selten fidelte eine Geige dazu, spielte eine Mundharmonika oder brummte ein Zerrwanst (Ziehharmonika). Meist war es an solchen Abenden der eigene Gesang, der einen knarrenden Webstuhl, ein surrendes Spinnrad oder die klappernden Strickstöcke begleitete.

Bei lustig und Apfelwein denkt man auch daran, was es überhaupt in der Zeit meiner Jugend so an Getränken gab. Natürlich ist da ganz zuerst unser gutes Wasser zu nennen, das aus den Tiefen des Vogelsbergs in unsere Brunnen strömte.

Weiterhin wurde viel Wein angesetzt und aus Beeren und anderen Früchten köstlicher Saft hergestellt.

Reichlich gab es den Apfelwein, Hagebutten- und Heidelbeerwein.

Die Äpfel wurden gepresst und der Saft in Holzfässer gefüllt, die etwa 100 Liter fassten.

Dann ließ man den Saft gären, bis Apfelwein draus wurde. In Flaschen abgefüllt stand er zu den Mahlzeiten und Feiern auf dem Tisch.
Im Winter heiß gemacht, mit etwas Zucker, half er gegen Erkältungen.

Für die Kinder gab es verschiedene Säfte. In der heißen Jahreszeit mit Quellwasser verdünnt. Auch kalter Tee aus Pfefferminze war sehr beliebt und erfrischend.
Weiterhin waren Milch, Rohmilch und Buttermilch auf der Getränkeliste. Wobei die Milch zu den Hauptnahrungsmitteln gehörte. Geeignet für vielerlei Gerichte, wie Milchsuppe mit Klößchen oder Dickmilch mit „Gerösteten". Das war eine besonders feine Art von Bratkartoffeln.
Manche Landwirte schöpften der Milch auch den Rahm ab und stellten daraus Butterweck her. Die besserten im Verkauf die Haushaltskasse auf.

Winterzeit - Nähzeit

Der Flachs, der im Juli geschnitten wurde, musste nun auch verarbeitet werden. Dafür eignete sich die Winterzeit besonders. Bis manchmal spät in die Nacht nähten die Frauen aus den Stoffen Hemden und Bettzeug.
Und da es noch keine Maschinen gab, musste es von Hand genäht werden. Die Hände der Bäuerinnen zeigten die Spuren der harten Arbeit.
Trotzdem wurde noch mit Nadel und Faden an Stickereien gearbeitet, einer filigranen Arbeit. Oft

beim düsteren Schein der Lampen, mit Stinkeel gefüllt.

Zudem wurden noch feine Besätze gestrickt, um Wäsche, Kissen und Hemden der Aussteuer der Mädchen, mit kunstvoller Zierde zu versehen. So entstand manch schönes Stück, das mit Freude getragen und vorgezeigt wurde.

Nach der Zeit der ersten Maschinen und den neuen Moden, fand die mit viel Mühe gefertigte Mode aus Flachs ihre „Ruhe, ganz unten in der Bauerntruhe".

Schließlich sollte das Zitat eines klugen Mannes den Schlusspunkt meines Streifzugs durch vergangene Tage im südlichen Vogelsberg abrunden:

**„Erinnere dich an die Vergangenheit,
träume von der Zukunft,
aber lebe heute!"**

*(von Sören Kierkegaard, 1813-1855,
dänischer Theologe)*

Erklärungen der Begriffe in alphabetischer Reihenfolge, wie sie im Dialekt um die Region von Unterreichenbach und im südlichen Vogelsberg üblich waren :

Ganz zu Beginn möchte ich die Wegwarte erwähnen, die als Blume des Jahres 2009 in die Geschichte eingehen wird.
Die blau-violett blühende Pflanze gilt heute als gefährdet. Ihre Wurzel wurde früher geröstet und als Ersatz oder Zusatz für Kaffee verwendet.
Bekannt ist die Blume auch unter ihrem Namen Zichorie.

Backwelle – Buchenreisig, gebunden, gestapelt und zum Backen für das Backhaus getrocknet

Brieslaabsoß – die aus dem frischen Schnittlauch hergestellte Soße, die zu Pellkartoffeln gereicht wurde

Butz – so wurden die Reste aus dem Wurst- trog genannt, die bei der Herstellung der Blut-, Leberwurst und Presskopf übrig blieben. Alles zusammengemischt ergab ein, nicht für jeden, köstliches Essen

Eierschippeln – ein österliches Eierrollen

Eierspicken - ein Kinderspiel zu Ostern, bei dem die Eier mit der Spitze gegeneinander gestoßen wurden

Einschneidekraut – Weißkraut, das in mühseliger Arbeit für die Lagerung in Fässern geschnitten wurde. Später wurde für die Arbeit ein Krauthobel benutzt

Flomen – ein aus dem Fett, an den Schweinerippen der Lende, gewonnenes Schmalz durch Auslassen

Gäulsbauern – Die Landwirte, die im Winter mit ihren Pferden in Schnee und Kälte arbeiteten und Holzfuhren unternahmen

Giggelschritt – sagte man, wenn sich im Februar Schritt für Schritt verlängerten. Symbolisch für das langsame Schreiten des Gockels

Kaffeemillje – wurde liebevoll die Kaffee-mühle genannt

Keche – wurde die Küche genannt

Kesk – ein Kratzer aus Holz mit einem langen Stiel, mit dem die Asche aus dem Backofen gezogen wurde

Kinn – damit waren die lieben Kinder gemeint

Küh (Koi o. Kieh) – wurden ganz einfach die Kühe genannt, wichtigste Getränkelieferanten

Kehlschnitze – ein Zusatz für Kaffee, mit etwas bitterem Geschmack. Hergestellt aus Futterrüben, die geröstet wurden und als Ersatz für die Zichorie dienten

Mahne – ein geflochtener Korb, hoch und rund, der für die Kartoffelernte und das Viehfutter gebraucht wurde. Eine kleinere Ausführung gab es für die Kinder

Mai holen – ein Pfingstbrauch mit frischen Birkenzweigen, mit dem die Liebste bedacht wurde. Aber die Mädchen, die gar nicht beliebt waren, bekamen Weiß-, Schwarzdorn oder

Kirschzweige, die eine weniger freundliche Bedeutung besaßen

Odragoabel - die so genannte Antragsgabel. Bei der Getreideernte wichtig, denn sie hatte am Stielende einen Bügel, der das Zusammenschieben von Getreide ermöglichte. Mit der Gabel wurde dann das Getreide auf die Strohseile gelegt und die Garbe gebunden

Schiebern – sind kleine Holzspäne, die im Backhausofen für kurze Lichteffekte sorgten. Unter dem Licht konnte man erkennen, ob das Brot gut gebräunt ist

Stinkeel – auch „Stinkeöl", wurde das Petroleum genannt, das in Lampen für Licht sorgte. Auch als „Franzosenöl" bekannt

Unterkohlrabi – gelbe Steckrüben aus dem Feld

Wurschtsoppe - wurde die köstliche Wurstsuppe beim Schlachtfest genannt

Zichorie – siehe Erklärung zu Beginn

***

*Im **Prolog** sind Textteile aus den Aufzeichnungen von Edmund Spohr übernommen.*